공동생활을 위한 권고

Évagrius Ponticus
AD MONACHOS & AD VIRGINEM

Translated with notes by Song-Sok Ho, OSB
Korean translation copyright © 2017 by Benedict Press, Waegwan, Korea.

공동생활을 위한 권고

2017년 8월 5일 교회 인가
2017년 11월 23일 초판 1쇄

지은이	에바그리우스 폰티쿠스
역 주	허성석
펴낸곳	성 베네딕도회 왜관수도원 ⓒ 분도출판사
찍은곳	분도인쇄소
등록	1962년 5월 7일 라15호
주소	04606 서울시 중구 장충단로 188 분도빌딩 102호(분도출판사)
	39889 경북 칠곡군 왜관읍 관문로 61(분도인쇄소)
전화	02-2266-3605(분도출판사) · 054-970-2400(분도인쇄소)
팩스	02-2271-3605(분도출판사) · 054-971-0179(분도인쇄소)
홈페이지	www.bundobook.co.kr

978-89-419-1716-8   03230

이 책은 저작권법에 의해 한국 내에서 보호를 받는 저작물이므로 무단 전재와 무단 복제를 금합니다.

공동생활을 위한 권고

회수도승생활을 위한 구체적이고 실제적인 가르침

Ad Monachos
Ad Virginem

에바그리우스 폰티쿠스

허성석 역주

분도출판사

| 차례 |

옮긴이의 말 7

「수도승을 위한 권고」 19
「동정녀를 위한 권고」 55

용어사전 75
참고문헌 83

옮긴이의 말

에바그리우스의 작품 대부분이 독수도승을 대상으로 하고 있으나 「수도승을 위한 권고」와 「동정녀를 위한 권고」는 회수도승을 그 대상으로 하고 있다. 이 두 작품은 공동생활을 위한 실천적 권고를 담고 있으며 다른 작품들에 비해 자세한 해설 없이도 이해하기 쉽다. 따라서 각 작품에 대한 간략한 설명으로 해제를 대신하고자 한다.

1. 「수도승을 위한 권고」 *Ad Monachos*

회수도승생활을 위한 권고가 담겨 있는 이 작품은 에바그리우스의 대표작 중 하나로 137장의 격언으로 구성되어 있다. 후고 그레스만이 그리스어 원본을 편집했으며,[1] 라틴어 본문은 미뉴의 『라틴 교부 총서』에 수록되어 있다.[2] 영어권에서는 지난 세기 말, 제레미 드리스콜이 이 작품에 대해 체계적이고 심도 있는 연구[3]를 했다.[4]

정확한 본문 해석을 위해서는 먼저 그 구조와 내용을 이해해야 한다. 본문을 자세히 보면 몇 가지 주요 흐름과 전환점이 보인다. 이 점을 염두에 둘 때 에바그리우스가 뜻하는 바를 더욱 정확히 파악할 수 있다.

제1장과 제2장은 작품 전체의 도입부다. 제1장은 2인칭을 사용하여 독자들에게 직접 경청을 권고한다. 제2장은 훌륭한 아버지와 나쁜 아버지를 대조한다. 이어지는 장들은 아들을 훈련시키는 훌륭한 아버지의 훈시다.

---

[1] H. Gressman, *Nonnenspiegel und Mönchspiegel des Euagrios Pontikos* (Leipzig 1913) 152-165.

[2] 『라틴 교부 총서』 20, 1181-1186.

[3] Jeremy Driscoll, *The 'Ad Monachos' of Evagrius Ponticus, Studia Anselmiana 104* (Roma 1991).

[4] 에바그리우스 폰티쿠스 『프락티코스』 허성석 역주 · 해제, 분도출판사 2011, 26-27 참조.

제137장은 작품 전체의 맺음말이다. 이 장은 특별히 이 작품의 문학 유형이 '격언'임을 확인시켜 주며, 독자들에게 기도를 청하고 있다.

첫 두 장과 마지막 제137장 사이에 격언의 중심부가 놓여 있다. 중심부의 모든 격언은 제3장의 짧은 두 문장의 전망 안에서 전개되고 있다. 이 장에서 영적 진보에 대한 에바그리우스의 핵심 개념들이 나타난다. 첫 문장("신앙은 사랑의 시작이다")은 신앙으로 시작하여 사랑을 목표로 하는 수행(praktikē)[5]을 언급하고 있다. 두 번째 문장("사랑의 끝은 하느님에 대한 인식이다")은 사랑하기를 배운 수도승이 들어가려 희망하는 인식(gnōstikē)을 말하고 있다. 제3장은 또한 두 가지 핵심 주제인 '수행생활'과 '관상생활' 그리고 이 둘의 밀접한 상호 관계를 제시하고 있다.

중심부는 크게 두 부분, 즉 제3-106장과 제107-136

---

[5] 에바그리우스는 영성생활을 크게 프락티케(praktikē)와 그노스티케(gnōstikē)로 구분한다. 그노스티케는 다시 퓌시케(physikē)와 테올로기케(theologikē)로 구분된다. 일반적으로 '프락티케'는 '수행', '그노스티케'는 '인식' 혹은 '관상', '퓌시케'는 '피조물에 대한 인식'(자연학), '테올로기케'는 '하느님에 대한 인식'(신학)으로 번역된다(『프락티코스』 6 참조).

장으로 나뉜다. 제1부의 격언들은 주로 수행에 집중되고, 수행과 관련 있는 많은 주제가 이 격언들 안에서 전개된다. 제1부에서는 시종일관 사랑과 온유를 강조하며, 분명하고 함축적인 방식으로 수행과 인식을 연결하고 있다.

제2부의 첫 장인 제107장은 작품 전체의 전환점 역할을 한다. 이 장부터 점차 인식에 집중하고 있다. 이 부분에도 몇 가지 특징이 있다. 사랑과 온유가 여전히 강조되고 있으며, 제1부에서 수행과 인식을 연결했듯이 여기서도 인식을 수행과 연결하고 있다. 수행의 덕들을 유지하지 않고서는 아무도 인식을 유지할 수 없다는 것이 골자이다. 이 작품의 구조와 내용을 다음과 같이 정리해 볼 수 있다.

1-2장 **도입부**

3-106장 **제1부**(수행, 수행과 인식의 관계)
   3-7장   덕의 사슬
   8-10장   고독 속에서의 사랑과 미움

11장	절제로 돌아감
12-15장	온유·성냄·상처에 대한 기억
16-18장	가난, 부, 인식
19장	겸손과 교만
20-24장	하느님의 법, 그리스도의 법
25-30장	가난, 부, 인식
31-36장	온유와 성냄
37장	마음을 동요시키는 생각
38-44장	음식과 음료, 하느님의 축일
45장	악한 생각
46-52장	잠과 철야
53장	회개, 겸손, 자선, 온유
54-56ㄱ장	아케디아(영적 태만)
56ㄴ-57장	슬픔과 재물
58-60장	악한 생각과 유혹에 대한 권고
61-62장	헛된 영광과 교만
63-72장	수행과 인식의 관계(핵심부)
73장	거듭 경청을 권고함
74-76장	나쁜 청지기와 좋은 청지기

77-78장	병자를 돌봄
79-83장	현명, 역마살, 탐식
84-87장	온유
88-92장	영적 사부
93-95장	나태와 혀의 절제
96-104장	절제와 온유의 관계
105-106장	현명, 아파테이아, 어둠에서 벗어남
107-136장	**제2부**(성삼위께 인도하는 인식의 차원)
107-110장	인식, 다양한 표현과 차원
111-114장	온유↔성냄
115-117장	인식의 달콤함
118-120장	수행과 인식의 여러 차원 안의 그리스도
121-122장	수행과 이음매인 사랑과 함께하는 인식
123-131장	지혜와 현명↔거짓 인식
132-136장	성삼위께 인도하는 인식의 여러 차원
137장	**맺음말**

2. 「동정녀를 위한 권고」 Ad Virginem

이 작품은 잘 알려져 있지 않지만 주목할 만한 작품이다. 에바그리우스의 다른 많은 작품들처럼 격언 형식의 짧은 권고들을 모아 놓은 것이다. 잠언과 비슷하게 총56장의 격언이 병렬적으로 구성되어 있는데, 이 격언들 역시 회수도승생활을 위한 권고다. 하지만 「수도승을 위한 권고」보다 공동생활을 위한 더욱 구체적이고 실제적인 권고들로 가득하다. 「동정녀를 위한 권고」는 그리스어 원본으로 보존되어 왔고, 그레스만이 감수하여 번역 출판했다.[6] 이 작품은 시리아어와 아르메니아어로도 전해지고 있으며, 앙드레 윌마르가 라틴어 번역본[7]을 출판했다. 수많은 사본이 현존하는 「수도승을 위한 권고」와 달리 이 작품은 몇 개의 필사본으로만 보존되어 왔다.[8]

---

[6] H. Gressman, 같은 책 143-151.

[7] 라틴어 본문은 『라틴 교부 총서』 20, 1185-1888과 『그리스 교부 총서』 40, 1283-1286에서 볼 수 있다.

[8] 『프락티코스』 27-28 참조.

이 작품은 에바그리우스가 「서간」 7에서 말한 '현명한 부제副祭 세베라Severa'에게 준 권고로 추정된다. 세베라는 노老멜라니아[9]의 예루살렘 공동체 수녀였던 것으로 보인다. 실제로 에바그리우스는 그녀에게 「서간」 20을 보냈던 것 같다. 거기서 그는 이렇게 말하고 있다.

　"나는 그대가 진보해서 기쁩니다. 사실 그대는 쟁기에 손을 대고 뒤를 돌아보지 않고(루카 9,62 참조), 또 부패하기 쉬운 세상과 세속의 사물을 추구하지도 않습니다. 오히려 정의의 월계관을 받고 그대가 선행으로 찾고 있는 신랑 그리스도를 보려고 훌륭히 싸우고 있습니다(2티모 4,7-8 참조). 사실상 이것이 선행으로 우리 주님을 찾는 참된 탐구입니다. 악행을 저지르면서 정의를 찾는 사람은 없습니다. 동료를 미워하면서 애덕을 추구하는 사람도 없고, 거짓말을 하면서 진리를 추구하는 사람도 없습니

　9　노老멜라니아Melania Senior(342경~410경)는 로마의 부유한 귀족 출신으로 일찍이 남편을 여의고 372년경 이집트와 팔레스티나로 가서 금욕 생활을 했다. 그녀는 아퀼레이아의 루피누스Aquileia Rufinus(345~410경)와 함께 올리브산에 수도원 두 곳을 설립했다. '소小멜라니아'Melania Junior로 불렸던 그녀의 손녀와 구분하기 위하여 '노老멜라니아'로 불린다(허성석 엮음 『수도 영성의 기원』 분도출판사 2015, 43 참조).

다. 그러므로 우리 주님을 찾는 것은 바로 이것이니, 곧 참된 신앙과 진리에 대한 인식으로 계명을 준수하는 것(1코린 7,19 참조)입니다. 자, 우리가 그대에게 보낸 책은 무엇이 이런 종류의 행위인지 가르쳐 줄 것이며, 좁고 험하지만 선행을 실천하는 사람을 하늘 나라로 인도하는 길(마태 7,14 참조)을 그대에게 알려 줄 것입니다."

이 서간에서 에바그리우스가 그녀에게 '보낸 책'이 바로 「동정녀를 위한 권고」로 추정된다. 이 작품에서 에바그리우스가 늘 강조하는 주제들이 나타난다. 특히 「수도승을 위한 권고」에서처럼 여기서도 온유가 여러 번 강조되고 있다(19장, 20장, 45장). 에바그리우스는 분노와 증오심을 멀리하고[10] 온유로 나아가라고 권고하고 있다. 그는 수도생활을 분노에서 온유로 나아가는 과정으로 보았다. 온유는 수행을 통해 사랑으로 나아간 사람이 드러내는 모습이다. 온유는 사랑의 구체적 표현이다. 온유한 자만이 삼위일체 하느님께 대한 인식으로 나아갈 수 있고, 마음 안에서의 순수한 기도로 하느님과의 일치와 친

---

10 「동정녀를 위한 권고」 8장.

교를 누릴 수 있다고 보았다. 또 끊임없는 기도(5장), 분노와 원한(8장), 자선(17장), 시편 낭송과 마음(35장), 악한 생각과의 싸움(34장, 38장)과 순수한 기도(38장) 등이다.[11] 격언들을 다음과 같이 주제별로 분류할 수 있다.

   사랑: 1-3장

   주님 사랑: 1장

   영적 사모 사랑: 4장

   자매 사랑: 3장

   성독과 노동: 4장

   기도: 5장, 35장

   사람들과의 교제: 6-7장, 14장, 24장

   분노와 원한: 8장

   절제: 9-10장, 13장, 15장, 23장, 40장, 42장, 46장, 49장

   음식: 9-10장

   귀: 13장

   혀: 15장, 42장, 46장, 49장

---

[11] William Harmiless, *Desert Christians: An Introduction to the Literature of Early Monasticism* (Oxford University Press 2004) 342-343 참조.

옷: 23장

단식과 철야: 40장

겸손: 11장, 16장, 33장, 50장

관대: 12장

애덕과 자선: 17장, 29장, 31장, 32장, 36장, 41장, 43장

주님의 영광: 18장

온유: 19-20장, 45장

감사: 21장

정결: 22장, 44장, 47장, 52-53장

눈물과 탄식: 25장, 39장

정주와 영혼의 평화: 26장

충실: 27장

시기와 질투: 28장

탐욕: 30장

악한 생각과의 싸움: 34장, 38장

영혼의 상처: 37장

영혼의 경계: 48장

슬픔: 51장

정통 교리에 머묾: 54장

상급: 55장

맺음말: 56장

이 두 작품의 우리말 번역을 위해 이탈리아어 역본[12]을 저본으로 사용했다. 「수도승을 위한 권고」의 경우 제레미 드리스콜의 영역본[13]도 함께 참고하였다. 의미가 불분명한 부분은 그레스만의 그리스어 판본[14]을 참조했고, 본문 주석은 앞의 이탈리아어 역본과 영역본을 부분적으로 참조하였다.

회수도승생활을 위한 권고를 담고 있는 에바그리우스의 이 두 작품을 통해 공동생활을 위한 지혜로운 가르침을 맛보고 하느님을 향한 길로 나아갈 수 있기를 바란다.

2017년 11월

허성석 로무알도 신부

---

[12] Evagrio Pontico, *Per conoscere lui*, Int.,trad.,not., Paolo Bettiolo (Edizioni Qiqajon 1996) 132-143; 147-163.

[13] Jeremy Driscoll, 같은 책 45-70.

[14] http://www.ldysinger.com/Evagrius/06_Sents/00a_start.htm.

수도승을 위한 권고

1. 하느님의 상속자들아, 하느님의 말씀을 경청하여라. 그리스도의 공동 상속자들아(로마 8,17), 그리스도의 말씀을 받아들여라. 이는 여러분 자녀들의 마음에 그 말씀들을 전하고, 현인들의 말씀을 그들에게 가르치기 위함이다(참조: 잠언 22,17; 코헬 9,17; 12,11).

2. 훌륭한 아버지는 자기 아들을 견책하고, 나쁜 아버지는 그를 잃을 것이다.

3. 신앙은 사랑의 시작이고, 사랑의 끝은 하느님에 대한 인식이다.[15]▶

4. 주님께 대한 두려움은 영혼을 보호할 것이며, 훌륭한 절제는 영혼을 강하게 할 것이다.

5. 사람의 인내는 희망을 낳고, 좋은 희망은 그를 영광스럽게 할 것이다.

6. 자기 육체를 다스리는 사람은(1코린 9,27 참조) 욕정에서 자유로울 것이며, 육체를 만족시키는 사람은 육체로 인해 고통을 당할 것이다.

7. 음욕의 영은 무절제한 사람의 육체 안에 있고, 정결의 영은 극기하는 사람의 영혼 안에 있다.

8. 사랑 안에서의 고독은 마음을 정화하고, 미움 중의 고독은 마음을 동요시킨다.

9. 접근할 수 없는 동굴에서 미움을 품고 혼자 사는 수도승보다 사람들 가운데서 사랑으로 생활하는 사람이 더 낫다.

◀15 앞 문장은 신앙에서 시작하여 사랑에서 끝나는 프락티케의 삶(수행생활)을, 뒷 문장은 사랑으로 시작해서 하느님에 대한 인식으로 끝나는 그노스티케의 삶(관상생활) 전체를 묘사하고 있다. 사랑은 영성생활의 이 두 축을 연결하는 이음매와도 같다. 서론 격인 앞의 두 장에 뒤이은 이 장은 사실상 작품 전체의 시작이라 할 수 있다. 이 장은 제67장과도 깊은 연관성이 있는데, 두 장 모두에서 사랑은 수행(*praktikē*)과 인식(*gnōstikē*) 간에 연결고리 역할을 하고 있다. 사랑이 수행을 인식에 연결한다는 것을 이해함은 본문 전체를 이해하는 열쇠라 하겠다.

10. 상처에 대한 기억에 자기 영혼을 묶어 두는 사람은 밀짚에 불을 감추는 사람과 비슷하다.

11. 그대 육체에 많은 음식을 허락하지 말라. 그러면 잠자는 중에 나쁜 환상들을 보지 않을 것이다. 사실 화염이 숲을 삼켜 버리듯이 굶주림은 불결한 환상들을 태워 버린다.

12. 성을 잘 내는 사람은 겁을 먹을 것이며, 온유한 사람은 두려움이 없을 것이다.[16]

---

16 '온유'가 이 장에서 처음으로 언급된다. 온유는 사랑의 가장 구체적인 표현 중 하나로 이 작품에서 가장 중요한 단어이자 개념이다. 인식을 향한 수도승의 여정에서 온유의 중요성을 강조하고 있다는 점이 인상적이다. 온유는 직간접적으로 본문 전체에 고르게 나타난다. 특히 작품 전체의 전환점 역할을 하는 107장에서 이 주제가 두드러진다. 에바그리우스는 이 12장에서 온유한 사람과 성을 잘 내는 사람을 대조한다. 그는 다른 여러 장에서도 이 대조법을 사용한다(참조: 34장, 36장, 98-100장). 에바그리우스는 대조법을 주로 사용하여 가르침을 주고 있다. '성을 잘 내는 사람'은 영혼의 세 부분, 즉 이성부理性部(Reasonable part), 정념부情念部(Irascible part), 욕망부慾望部(Concupiscible part) 중 정념부에 관한 주요한 용어다. '온유'는 '성냄'(증오심)의 반대로서 제시된다. 에바그리우스는 제35장에서 증오심이 인식을 흩어 버린다고 말하고 있다. 다른 여러 곳에서는 영혼의 정념부에 덕을 심는 것에 대해 이야기한다. 온유는 정념부에 심겨야 하는 주요 덕 가운데 하나다. 정념부에서 장애가 일어나면 영혼에 매우 위험하며, 이 장애는 주로 분노와 미움에서 초래된다.

13. 강풍은 구름을 몰아내고, 상처에 대한 기억은 정신을 인식에서 쫓아낼 것이다.[17]

14. 원수를 위해 기도하는 사람(마태 5,44 병행구 참조)은 상처에 대한 기억을 잊을 것이며, 혀를 억제하는 사람(지혜 1,11 참조)은 자기 이웃을 슬프게 하지 않을 것이다.[18]

---

17 12장에서 보았듯 온유가 사랑의 구체적 표현이라면 이 장에서는 온유가 무엇을 뜻하는지 더욱 명확하게 언급된다. 이 장의 주제는 상처에 대한 기억과 용서다. 이 주제를 이해하면 에바그리우스가 자신의 작품들에서 사랑과 인식 간에 그렇듯 밀접한 연결을 주장하는 이유를 분명히 알 수 있다. 에바그리우스의 가르침은 이것이다: 상처를 기억하는 데 정신을 사용하면 하느님을 인식하는 데 정신의 에너지를 사용할 수 없다. 상처에 대한 기억은 영혼의 기억력을 헛되게 한다. 기억력은 수도승이 하느님을 관상하고 그분의 자비를 기억하며 그분과의 본디의 일치를 기억하는 데 사용해야 하는 능력이다. 따라서 기억력이 제 기능을 발휘하지 못하면 하느님을 인식할 수 없게 된다. 상처에 대한 기억은 로기스모스*logismos*와 동일시된다. 이것은 악한 생각을 말하는데, 악령은 악한 생각들을 통해서 정신을 교란시켜 하느님을 인식하지 못하게 방해한다.

18 14장은 13장과 대조를 이루며, 원수를 위해 기도함으로써 상처에 대한 기억에서 벗어나라고 한다. 이 격언은 '원수를 위한 기도'와 '혀의 억제'와 같은 두 가지 실제적 방법을 제시한다. 여기서 말하는 '원수를 위한 기도'는 수행과 연결된 기도다. 이 기도는 정신을 다른 것들로 채움으로써 상처에 대한 기억을 몰아낸다. 따라서 그렇게 기도하는 사람은 "상처에 대한 기억을 잊을 것"이다. 그리고 혀를 억제하라는 권고는 이웃을 슬프게 하지 않기 위함이다.

15. 그대의 형제가 그대를 화나게 하면, 그를 그대의 집에 맞아들이고(이사 58,7 참조), 그의 집에 들어가기를 주저하지 말고, 그와 함께 그대의 빵을 나누어 들라(잠언 23,8ㄱ 칠십인역 참조). 이렇게 하면서 그대는 자신의 영혼을 구원할 것이며, 기도할 때 방해받지 않을 것이다.[19]

16. 사랑이 가난을 즐기는 것처럼, 미움은 부富로 기뻐한다.

17. 부자는 인식을 얻지 못할 것이고, 낙타는 바늘구멍으로 빠져나가지 못할 것이다. 그러나 주님께는 이 모두가 가능하다(마태 19,23-26 병행구 참조).

18. 돈을 사랑하는 자는 인식을 보지 못할 것이고, 돈

---

19 화해의 행위에 대해서 말하고 있는 15장은 마태 5,21-26을 반영하고 있다. 여기서 '형제'는 양자養子의 은총을 받고 같은 아버지, 즉 그리스도께 의존해 있는 형제를 뜻한다. 이 장의 권고는 분쟁과 다툼으로 형제들을 갈라놓으려 하는 불의한 자를 향해 있다. "기도할 때"라는 표현은, 인식에 대해 분명히 언급하는 13장과 연결되어 관상적 기도, 즉 인식과 직접 연관된 기도를 언급하는 것으로 해석할 수 있다. 상처에 대한 기억에 맞서 싸우는 데 있어 14장은 프락티케의 기도를 권고한다. 14장에서 기도의 목적은 항상 15장에서 말하는 관상적 기도를 돕는 것이다. 에바그리우스에 따르면 "기도는 온유와 분노의 부재不在에서 싹튼다"(『기도론』 14: 『그리스 교부 총서』 79, 1169 D).

을 모으는 자는 어두워질 것이다.

19. 주님은 겸손한 자의 장막 안에 머무르실 것이며, 교만한 자의 집에는 저주가 넘쳐 날 것이다.

20. 하느님은 당신 율법을 거역하는 사람을 부끄럽게 하시며, 그것을 준수하는 사람은 자기를 창조하신 분을 영광스럽게 한다.

21. 그대가 그리스도를 모방한다면 지극히 복되리라. 그대 영혼은 그분과 함께 죽을 것이며, 육체로 악을 행하지 않을 것이다. 그대의 탈출은 별의 탈출과 같을 것이며, 그대의 부활은 태양처럼 빛나리라(마태 13,43ㄱ 참조).[20]

---

20 암시적 상징들을 담고 있는 이 아름다운 격언은 시사하는 바가 많다. 이 격언은 수행에서 인식으로 건너감에 관한 것으로, 이 건너감의 중심에 그리스도의 죽음과 부활이 놓인다. 이 격언의 토대에는 바오로의 신학 사상이 있다. 에바그리우스는 그리스도의 부활에 참여하기 위해서 그분의 죽음에 동참해야 한다는 바오로의 사상을 따르고 있다. 그는 이러한 바오로의 개념들을 사용하고 있고, 죽음을 '수행'으로, 부활을 '인식'으로 이해하고 있다. 이 장에서 인간은 수행을 통해, 즉 "육체에서 악을 끌어내지 않음"으로써 죽음에서 구원된다. 그런 다음 영혼은 인식을 위해 준비된다. 인식의 영역을 위해서 탈출, 별, 부활, 태양, 이 네 가지 상징 혹은 용어가 제시되고 있다. 악에서의 탈출은 수행의 목표에 도달함을 나타내는 묘사이며, 무지에서의 탈출은 인식으로 들어가는 것을 뜻한다. 악과 무지

22. 죽음의 날에 사악한 자에게 앙화가 있을진저. 그 불의한 자는 환난을 당할 때 멸망할 것이다(잠언 25,19 참조). 까마귀가 자기 둥지에서 날아가는 것처럼 불순한 영혼은 그렇게 그의 육체에서 떠나갈 것이다.

23. 천사들은 의인의 영혼을 인도하며, 악령들은 악인의 영혼을 낚아챌 것이다.

24. 악이 들어가는 그곳에 무지 또한 들어간다. 반대로 성인들의 영혼은 인식으로 충만할 것이다.

25. 자비가 없는 수도승은 궁핍해질 것이며, 가난한 이들을 양육하는 사람은 보화를 상속받을 것이다.

26. 무지와 함께하는 부富보다 인식과 함께하는 가난이 낫다.

27. 머리의 장식은 왕관이고, 마음의 장식은 하느님에 대한 인식이다.

에서의 탈출은 별의 탈출에 비유되고 있다. 이 장에서 별은 영혼의 진보를 나타낸다. 육체에서 악을 끌어내지 않는 영혼은 진보하고 있는 영혼이다. 별의 탈출은 바로 이에 대한 표지다. 부활과 태양의 상징들은 더욱 높은 차원의 진보를 묘사하고 있다. 바오로의 용어인 '죽음'이 '수행'을 언급하는 것이라면 '부활'은 '인식'을 언급하는 것이라고 볼 수 있다.

28. 돈이 아니라 인식을 소유하라. 많은 부富보다 지혜를 소유하라.

29. 의인들은 주님을 상속받을 것이며, 성인들은 그분에게서 양육될 것이다.

30. 가난한 이에게 자비로운 사람은 증오심을 부수고, 그를 돌보는 사람은 좋은 것으로 채워질 것이다.

31. 지혜는 온유한 마음 안에서 쉴 것이고, 아파테이아의 옥좌는 수행을 완수한 영혼이다.[21]

---

21 영혼의 정념부를 가라앉혀 그 고유 역할을 수행하게 하는 것이 수행의 목표 중 하나다. 이 장에서 우리는 '온유'가 수행의 목표를 나타내는 다른 용어들과 연결되어 있음을 보게 된다. 여기 나오는 모든 단어가 하나의 목표를 묘사하고 있다. '온유', '지혜', '안식', '옥좌', '아파테이아' apatheia, '수행' 같은 용어들은 모두 에바그리우스에게 있어 정확한 의미를 지닌 용어들로서, 각각은 수도승이 획득하기 위해서 오랫동안 투쟁해야 하는 것을 가리킨다.

'지혜'란 단어는 이 작품 28장에서 처음 등장한다. 거기서 지혜는 인식과 나란히 배치된다. 반면, 이 장에서 지혜는 온유와 함께 나타난다. 에바그리우스가 말하는 지혜의 뜻을 잘 이해하려면 지혜와 동반되는 덕인 현명을 함께 이해해야 한다. 에바그리우스 작품들 전체에서 '현명'과 '지혜'는 늘 연결되어 있다. 지혜는 관상하며 인식을 향한다. 반면, 현명은 악령을 거스른 싸움을 지휘하면서 수행을 향한다. '지성'은 그 둘 사이에 조화를 이루어 낸다. 지혜는 현명의 활동인 싸움 이후에 온다.

32. 악행 기술자는 박한 임금을 받을 것이며, 선행 기술자에게는 후한 임금이 주어질 것이다.

33. 올무를 놓는 사람은 스스로 거기에 걸려들 것이고, 올무를 감추는 사람은 그것에 사로잡힐 것이다(참조: 시편 119,110ㄱ; 9,16ㄴ).

34. 화를 잘 내고 격노하는 수도승보다 온유한 세속인이 낫다.

35. 분노는 인식을 흩뜨리고, 인내는 인식을 모은다.

36. 바다의 강한 남풍처럼 인간 마음 안에는 분노가 있다.

'쉼'은 에바그리우스에게 수행의 오랜 싸움 이후에 단순히 쉬는 것 이상을 의미한다. 그것은 또한 '인식'이라는 긍정적 의미를 지닌다. "주님의 안식(katapaysis)은 그분의 인식이다. 인식으로 들어가는 사람은 인식 안에서 쉴 것이다"(『그리스 교부 총서』 12, 1556 B). 사실 '쉼'이라는 용어는 인식 자체의 영역에서 이루어지는 진보를 묘사한다. 그래서 인식의 한 차원에서 또 다른 차원으로 이동하는 것을 '쉼'이라 할 수 있다.

'옥좌'는 특별한 의미를 지닌 성경적 용어다. 이 장에서는 그리스도론적 의미를 부여하기 위해 사용되고 있다. 에바그리우스는 "하느님께서 당신의 거룩한 어좌에 앉으신다"(시편 47,9)는 시편 구절을 주석하면서 "하느님의 옥좌는 그리스도이고, 그리스도의 옥좌는 이성적 본성이다"(『그리스 교부 총서』 12, 1437 C)라고 설명하고 있다.

37. 끊임없이 기도하는 사람은(1테살 5,17 참조) 유혹을 피한다. 그러나 생각은 방심하는 사람의 마음을 동요시킨다.[22]

38. 포도주로 기뻐하지 말고 고기로 즐거워하지 말라. 이는 그대의 육체를 만족시키지 않게 하려는 것이며, 음란한 생각이 그대 안에 머물지 않게 하려는 것이다.

39. '오늘은 축일이라서 포도주를 마신다. 내일은 성령강림대축일이라서 고기를 먹는다'고 말하지 말라. 수도승에게는 자기 배를 채우는 축일이란 없기 때문이다.

40. 주님의 파스카는 악에서 건너감이고, 그분의 성령강림은 영혼의 부활이다.[23]

41. 주님의 축일은 모욕을 잊어버림이며, 상처를 기억하는 자는 슬픔에 사로잡힐 것이다.

42. 주님의 성령강림은 사랑의 부활이며, 형제를 미워하는 자는 깊은 나락으로 떨어질 것이다(1요한 2,9 참조).

43. 하느님의 축일은 참된 인식이며, 거짓 인식에 전

---

22 여기서 '생각'은 우리 정신을 흩뜨려 기도에 집중하지 못하게 하는 '악한 생각'을 뜻한다. 에바그리우스에 따르면, 생각은 악령이 사용하는 주된 무기로 악령은 우리 안에 악한 생각을 불러일으킨다.

넘하는 자는 수치스럽게 끝날 것이다.

44. 영혼의 불순함으로 행하는 축제보다 순수한 마음으로 행하는 단식이 더 낫다.

45. 자기 마음에서 악한 생각들을 근절하는 사람은 바위에 자기 어린아이들을 매어 바수는 사람과 같다(시편 137,9 참조).

46. 조는 수도승은 악에 떨어질 것이나, 깨어 있는 수도승은 참새와 같을 것이다(시편 102,8 참조).[24]

---

23 이 문장은 에바그리우스가 『케팔라이아 그노스티카』 II,42에서 제시하는 다음 질문에 부응한다. "누가 거룩한 파스카에 이를 것이며, 누가 거룩한 성령강림을 알 것인가?" 따라서 실제로 악을 극복한 사람이 파스카에 이르며, 아파테이아로 견고한 사람이 성령강림을 안다. 이는 에바그리우스가 『케팔라이아 그노스티카』 V,22("영혼의 부활은 욕정의 상태에서 욕정 없는 상태로 되돌아감이다")에서 '영혼의 부활'로 아파테이아의 상태를 해석하는 바와 같다. 아래 42장에서 단언하는 바처럼 사랑 안에 사는 사람은 더 그러하다. 우리는 「아나톨리우스에게 보낸 편지」에서 제시된 정의에서 사랑은 '인식으로 들어가는 문'임을 알고 있다.

24 여기서 잠은 악과 무지를 뜻한다. 악과 무지에 맞서 깨어 있음은 마치 지붕 위의 고독한 참새(시편 102,8 참조)처럼 되게 한다. 두 가지가 서로 밀접히 관련되어 있더라도 여기서 '깨어 있는'(*agrypnōn*)은 '금욕적 철야 수행'이 아닌 '영혼에 대한 주의(돌봄)'다. 이는 이어지는 장들을 통해서 확인된다.

47. 철야 중에 빈말을 하지 말고, 영적 이유들을 거부하지 말라. 주님께서 네 영혼을 살펴보시고 모든 악에 대해 반드시 너를 처벌하실 것이기 때문이다.

48. 지나친 잠은 정신을 둔하게 하고, 유익한 철야는 정신을 예민하게 한다.

49. 지나친 잠은 유혹으로 이끌며, 철야하는 수도승은 유혹을 쫓아낼 것이다.

50. 불이 초를 녹이듯 유익한 철야는 악한 생각을 용해시킨다.

51. 헛된 생각으로 철야하는 수도승보다 누워 잠자는 수도승이 더 낫다.

52. 천사적인 꿈은 마음을 기쁘게 하고, 악마적인 꿈은 마음을 동요시킨다.

53. 회개와 겸손은 영혼을 고무시키고, 자선과 온유는 영혼을 굳건하게 한다.[25]

---

[25] 이 두 문장은 수행에서의 진보를 보여 주고 있다. 첫 문장은 회개와 겸손을 언급하면서 특히 수행의 초기에 오는 덕들에 대해서 이야기하고 있다. 동사들 또한 진보를 나타낸다. 앞에 오는 두 가지 덕은 영혼을 고무시키며, 일단 고무되면 다른 덕들, 곧 온유와 동정심이 영혼을 강화한다.

54. 그대의 탈출(죽음)을 항상 기억하고 영원한 심판을 잊지 말라. 그러면 그대 영혼에 죄가 없을 것이다.[26]

55. 아케디아의 악령이 그대를 거슬러 일어나면 그대 독방을 떠나지 말고, 그 순간 유익한 싸움에서 비켜나지 말라. 은을 광내는 사람처럼 그대 마음은 그렇게 빛날 것이기 때문이다.[27]

56. 아케디아의 악령은 눈물을 없애고, 슬픔의 악령은 기도를 망친다.[28]▶

---

26 54-56장은 '영적 무기력', '낙담' 등을 뜻하는 아케디아(akēdia)에 관해서 설명하고 있다. 비록 이 장에서 아케디아란 말이 등장하지는 않지만 죽음을 기억하라는 충고와 더불어 아케디아에 관한 설명을 시작하고 있다. 에바그리우스에게 아케디아는 수도승, 특히 독방에서 홀로 수행하는 독수도승에게 찾아오는 고질병과도 같다(『프라티코스』 12장 참조). 그는 아케디아를 언급하기 전에 그것을 거스르는 가장 중요한 치료법 중 하나인 '죽음에 대한 기억'(여기서는 "그대의 탈출을 기억하라"로 표현되었다)에 대해서 이야기하고 있다(『프라티코스』 29장 참조).

27 여기서 에바그리우스는 아케디아의 근본 치료법을 제시하고 있는데, 곧 독방에 머무르며 악령과 싸우는 것이다(『프라티코스』 28장 참조). 이 문장은 "만일 완고히 저항하여 그에 대적한다면"으로 이해해야 한다. 에바그리우스는 『프라티코스』 12장에서 이런 말로 아케디아에 관한 서술을 끝맺고 있다: "이놈을 따라올 악령은 어디에도 없다. 반면 영혼이 승리하면 영혼 안에 평화와 형언할 수 없는 기쁨(1베드 1,8 참조)이 생겨난다."

57. 그대는 재물을 갈망하면서 근심으로 분열될 것이며, 재물에 집착하면서 몹시 슬퍼할 것이다.

58. 전갈이 그대 가슴 위에 머물지 말게 하고, 악한 생각이 그대 마음에 머물게 하지 말라.[29]

59. 뱀의 후손을 반드시 죽여라. 그러면 그대는 그들 마음의 생각들을 낳지 않을 것이다.

60. 불이 금과 은을 제련하듯이 유혹은 수도승의 마음을 단련한다.

61. 교만하지 말고, 헛된 영광을 멀리하라. 영광을 얻

◀28 아케디아에 대한 에바그리우스의 가르침에 있어 몇 가지 더 발전된 차원이 나타난다. 여기서 아케디아의 악령은 (회개의) 눈물을 몰아낸다고 말하고 있고, 그것은 여덟 가지 악한 생각 중 하나인 '슬픔'과 연결되고 있다. 그리고 슬픔으로 기도를 망친다고 말한다. 회개의 눈물은 참된 기도에 이르기 위해 필요하다. 이 장은 아케디아가 이 회개의 눈물을 흘리지 못하도록 방해한다고 말한다. 회개의 눈물은 사실상 슬픔과 그 동료인 아케디아에 맞선 치료법이다.

29 에바그리우스는 58장에서 60장까지 세 장에 걸쳐서 마음을 악한 생각과 싸우는 장場으로 말하고 있다. 이 장들에는 악한 생각을 나타내는 상징들과 그것에 맞서 어떻게 해야 하는지 제시하는 동사가 있다. 에바그리우스는 악한 생각들이 공격할 때 즉시 그것들을 차단하라고 권고하고 있다.

지 못하는 자는 슬퍼할 것이고, 그것을 얻는 자는 교만해질 것이기 때문이다.[30]

62. 교만한 마음을 갖지 말고 하느님 면전에서 '나는 강하다'라고 말하지 말라. 이는 주님께서 그대 영혼을 저버리지 않으시고, 사악한 악령들이 영혼을 능욕하지 않게 하려는 것이다. 그렇게 하지 않으면 적들이 공중에서 그대 주위를 배회할 것이며, 무시무시한 밤이 그대에게 다가올 것이기 때문이다.[31]

63. 인식은 수도승의 생활 방식을 지켜 준다. 그러나 인식에서 내려오는 자는 강도들 가운데로 떨어질 것이다(루카 10,30 참조).[32]▶

---

[30] 이 장은 헛된 영광과 슬픔과 교만의 관계를 보여 준다. 슬픔은 바라던 무언가를 얻지 못한 데서 오는 결과다. 헛된 영광은 인간적 영광을 바라는 것이다. 그 갈망이 좌절되면 또 다른 악령인 슬픔이 들어올 수 있다. 그러나 그 갈망이 채워지면 여전히 더 고약한 악령인 교만이 들어온다(『프락티코스』 13-14장 참조).

[31] 이 장에서는 하느님 앞에서 "나는 강하다"라고 말하는 것과 그에 따라오는 결과들이 원죄를 상기시키는 방식으로 제시되고 있다. 수도승이 "나는 강하다"라고 말할 때 두 가지 결과가 따라오는데, 주님이 그 영혼을 저버리는 것과 악령들이 영혼을 능욕하는 것이다.

64. 영적 바위(1코린 10,4 참조)에서 강이 흐르고, 수행을 완수한 영혼이 거기서 물을 마신다.[33]

65. 순수한 영혼은 선택된 그릇(사도 9,15)이다. 그러나 불순한 영혼은 괴로움으로 가득 찰 것이다.[34]

◀32 63-72장은 이 작품 중심에 놓여 있는 만큼 그 중요성도 크다. 이 격언들에서 제시된 주제들은 작품 전체의 논조를 해석하는 열쇠다. 여기서는 수행과 인식의 관계를 다루고 있다. 각각의 격언은 이 관계를 깊이 이해하게 해 준다. 영성생활의 이 두 차원을 유지하는 것이 중요하며, 에바그리우스의 가르침은 늘 여기에 초점을 두고 있다.

63장은 악령들을 인식의 삶에 가까이 오지 못하게 하는 것에 대한 언급으로 시작한다. 인식이 "수도승의 생활 방식"을 지켜 준다고 말한다. 다시 말해 인식으로 들어선 수도승은 계속해서 수행의 덕들을 유지해야 한다는 것이다. 에바그리우스는 폴리테이아*politĕia*(여기서 생활 방식으로 번역되었다)라는 단어를 수행생활을 묘사하는 다른 곳에서도 사용하고 있다.

33 이 장은 인식에 대한 성경적 상징에 기초를 두고 있다. "영적 바위"는 1코린 10,4에서 취한 용어다. 성 바오로는 거기서 '바위'를 그리스도로 해석하고 있다. 에바그리우스도 여기서 그 해석을 따른다. 에바그리우스에게 '강'은 인식을 상징한다. 이는 에바그리우스 작품들을 해석하는 데 열쇠가 되는 요한계 문헌에 바탕을 둔 것이다. 시적이고 성경적인 이 격언을 해석하면 다음과 같다. '그리스도에게서 성령의 은사들이 나온다. 그리고 이러한 은사들은 그리스도와 성령에 참여함으로써 인식을 함께 나누는 이성적인 사람들 안에서 발견된다.'

66. 어린아이는 우유 없이 양육되지 못하며, 마음은 아파테이아 없이 고양되지 않을 것이다.[35]

---

34 이 격언 역시 몇 가지 성경적 상징을 통해 수행과 인식의 관계를 묘사하고 있다. "선택된 그릇"은 사도 9,15에서 언급된 바와 같이 주님께서 바오로 사도에게 부여한 명칭이다. 에바그리우스는 자신이 위대한 스승이라고 생각한 사람들에게 이 명칭을 사용한다. 『프락티코스』에서 그는 자신이 영지적 삶(관상생활)의 모범으로 생각했던 대大마카리우스를 언급하기 위해 이 명칭을 사용하고 있다(『프락티코스』 93장 참조). 또 다른 곳에서는 신학자 나지안주스의 그레고리우스를 언급하는 데 이 명칭을 사용한다. '순수함'은 그 자체로 목적이 아니다. 수도승생활은 단지 금욕적 수행만이 아니다. 금욕생활의 목적은 언제나 인식이다. 이 장의 표현을 빌리면 순수한 영혼은 그 자체가 목적이 아니다. 그것은 선택된 그릇이 된다. 마카리우스, 그레고리우스, 바오로가 바로 그 그릇들이다.

65장의 두 번째 문장에서 에바그리우스는 인식의 도구가 되는 순수한 영혼과 반대되는 이미지를 제시한다. 그것은 괴로움으로 가득 찬 불순한 영혼이다. '괴로움'이란 단어는 에페 4,31을 암시한다.

35 이 격언은 이 책의 중심부(62-72장) 안에서 아파테이아에 관한 세 장(66-68장)의 시작이다. 세 격언 중 이 첫 격언은 아파테이아에 대해서 상징적으로 이야기하고 있다. "어린아이는 우유 없이 양육되지 못한다"는 인식에 도달하기 위해서는 아파테이아가 반드시 필요하다는 것을 말하는 것이다. 아파테이아는 필수불가결하다. 그것 없이 마음은 고양되지 못한다. 즉, 인식을 얻지 못한다. 그러나 아파테이아는 여전히 우유일 뿐이다. 그것은 인식이라는 딱딱한 음식을 위한 준비와도 같다.

67. 아파테이아는 사랑에 선행하며, 사랑은 인식에 선행한다.[36]

68. 인식에 지혜가 부가되며, 현명은 아파테이아를 낳는다.[37]

69. 주님께 대한 두려움은 지혜를 낳고, 그리스도께 대한 신앙은 하느님께 대한 두려움을 선사한다.[38]

70. 불타는 화살은 영혼에 불을 붙이지만, 수행자는 그 불을 끌 것이다(에페 6,16 참조).[39]

---

[36] 이 장은 직접적으로 이 딱딱한 음식에 대해서 말하고 있다. 그리고 정확히 이 작품의 정중앙에 위치해 있다. 3장에서는 사랑이 수행의 덕들 가운데 첫째인 신앙과 어떤 관계가 있는지, 또 인식과는 어떤 관계가 있는지 이야기하고 있다. 이 장에서는 사랑이 수행의 목표인 아파테이아와 어떤 관계에 있는지, 또 인식과는 어떤 관계가 있는지 말하고 있다. 본문 중간에 위치한 이 장은 영적 여정의 중간, 즉 아파테이아에서 사랑으로 건너가는 다리와도 같다.

[37] 이 장은 지혜와 현명이라는 한 쌍의 중요한 덕들을 소개한다. 작품 제2부의 참된 인식과 거짓 인식에 관한 부분(123-131장)에서 이 덕들이 어떻게 실제적으로 발전되는지 드러나지만, 곧바로 이어지는 격언들에서도 이 덕들의 부분적 발전이 표현된다. 이 격언에서 영혼의 이성부에 해당하는 덕 두 가지가 등장하는데, 곧 인식을 향한 '지혜'와 아파테이아를 향한 '현명'이다.

71. 인식은 고함과 모독을 막고, 지혜는 거짓된 말을 쫓아 버린다.[40]

72. 꿀은 감미롭고 벌집은 달콤하지만, 하느님에 대

---

38 "주님께 대한 두려움은 지혜를 낳는다"라고 말하는 것은 수행의 덕들 가운데 처음과 마지막 덕들을 언급하는 "신앙은 사랑의 시작이다"라는 3장의 표현과 비슷하다. 에바그리우스는 "창조된 사물에 대한 관상에서 우리는 그리스도를 볼 것이며, 그리스도께 대한 인식에서 우리는 하느님을 보게 될 것이다"라고 말한다. 이 69장도 이런 식으로 해석될 수 있다. 즉, "그리스도께 대한 신앙은 그리스도께 대한 인식을 주며, 그리스도께 대한 인식에서 우리는 하느님을 보게 될 것이다."

39 여기서 나타나는 상징과 용어 자체는 바오로계 문헌에 기초하고 있다. "불타는 화살"은 악령이 일으킨 '생각' 혹은 '유혹'이다. "수행자"는 그것을 받아들이지 않을 것이다. 그는 그 불을 끌 것이다. 수행자가 그 생각을 받아들이면 악령의 화살은 그에게 상처를 입힐 것이다.

40 68장에서는 지혜와 현명을 함께 언급했고 그다음 이어지는 두 격언(69-70장)에서는 현명이 전개된다. 반면 71장에서는 지혜와 또 지혜와 인식의 특별한 관계를 전개한다. 에바그리우스에게 '모독'은 참된 관상에 필요한 올바른 가르침을 공격하는 악령이다. 『프라티코스』에 이 악령의 특성과 작용이 묘사되어 있다. 그는 "정신이 하느님을 모독하고 (감히 형언하지 못할) 금지된 것을 상상하도록 유혹하는 불순한 악령"(『프라티코스』 46장)이다. 이 악령은 정신을 사로잡는 데 매우 빠르다(참조: 『프라티코스』 43장; 51장). '모독'이란 단어는 이 작품의 다른 곳에서 특정한 교리적 오류를 언급하는 데 사용된다(134장 참조).

한 인식은 그 둘보다도 더 달콤하다(참조: 시편 19,11ㄴ; 119,103).⁴¹

73. 오, 수도승이여! 그대 아버지의 말씀을 경청하고 그의 권고를 헛되게 하지 말라(잠언 5,7 참조). 그가 그대를 (다른 곳으로) 보낼 때마다 그를 동반하여 생각 중에 그와 함께 여행하라. 이렇게 해서 그대는 악한 생각을 피하게 될 것이고, 사악한 악령이 그대를 지배하지 못할 것이다. 그가 그대에게 돈을 맡기면 그것을 낭비하지 말며, 그대가 어떤 것을 얻으면 그것을 돌려주지 말라.

---

41 이 장은 성경적 상징을 담고 있는 시적 용어들로 하느님에 대한 인식의 탁월성을 강조하면서 작품 전체의 결론 역할을 한다. '꿀'은 에바그리우스가 인식을 표현할 때 사용하는 상징이다. 이 장은 지상의 어떤 것도 하느님에 대한 인식보다 탁월하지 않다는 시적 진술과도 같다. 이 격언에서 우리는 인식의 여러 단계 간의 차이를 보게 된다. 하느님에 대한 인식(삼위일체에 대한 인식)은 창조와 구원경륜에 대한 달콤한 관상보다 훨씬 더 감미롭다. 마지막 장인 136장에서 에바그리우스는 "영적 존재들에 대한 인식은 정신을 고양시켜 성삼위께 다가가게 한다"라고 말하고 있다. 이 마지막 격언은 인식의 단계들을 표현하고 있으며, 성삼위에 대한 인식이 정점에 있다. 이것은 바로 72장의 핵심과도 같다. 즉, 창조는 선하다. 그것에 대한 관상은 더 좋다. 그러나 이것들보다 더 좋은 것은 하느님에 대한 인식이다.

74. 악한 청지기는 형제들의 영혼을 괴롭힐 것이며, 원한을 품은 청지기는 그들을 동정하지 않을 것이다.

75. 수도원의 물건을 낭비하는 사람은 하느님께 잘못하는 것이며, 그것을 소홀히 다루는 사람은 처벌받을 것이다.

76. 불의한 청지기는 부정하게 분배하지만, 의로운 청지기는 적합하게 나누어 줄 것이다.

77. 자기 형제를 험담하는 사람은 저주받을 것이며, 병자를 돌보지 않는 사람은 빛을 보지 못할 것이다.

78. 자기 이웃에게 연민이 없는 독수도승보다 약한 형제에게 봉사하는 세속인이 더 훌륭하다.

79. 어리석은 수도승은 자기 재능의 도구들을 소홀히 할 것이고, 현명한 수도승은 그것들을 돌볼 것이다.

80. '오늘은 머물러 있고 내일은 외출할 것이다'라고 말하지 말라. 그대가 신중하게 이와 같이 생각한 것이 아니기 때문이다.

81. 떠돌이 수도승은 거짓말을 익힐 것이며(잠언 19,27 칠십인역 참조), 자기 사부를 속일 것이다.

82. 자기 옷을 치장하고 자기 배를 채우는 사람은 불

결한 생각을 키우는 것이다. 그는 절제하는 사람들과 함께 자리하지 못한다.

83. 그대가 어떤 마을에 들어가면 여성들을 가까이 하지도 말고 그들과 대화하느라 지체하지도 말라. 낚싯바늘을 삼킨 것처럼 그렇게 그대 영혼이 거기에 끌려들 것이기 때문이다.

84. 참을성 있는 수도승은 사랑받을 것이며, 자기 형제들을 화나게 하는 수도승은 미움받을 것이다.

85. 주님은 온유한 수도승을 사랑하시며 거만한 수도승을 당신 자신에게서 내치실 것이다.

86. 게으른 수도승은 불평을 많이 할 것이며, 조는 수도승은 두통을 핑계 삼아 변명할 것이다.

87. 그대의 형제가 슬퍼하면 그를 위로하라. 그리고 그가 고통을 당하면 그 고통을 나누라. 이렇게 함으로써 그대는 그의 마음을 기쁘게 할 것이며 하늘에 커다란 보화를 쌓을 것이기 때문이다.

88. 자기 사부의 말씀을 지키지 않는 수도승은 자기를 낳으신 분의 백발을 모독할 것이며, 그분 아들들(제자들)의 생활에 대해 악담할 것이다. 그런 까닭에 주님께서 그

를 전멸시키실 것이다.

89. 변명거리를 찾는 사람은 형제들과 단절될 것이며, 자기 사부를 고발할 것이다.[42]

90. 그대 사부를 적대하는 말에 귀를 기울이지 말고, 그를 모욕하는 자의 영혼을 자극하지도 말라. 이는 주님께서 그대의 행업으로 분노하시지 않고 살아 있는 자들의 책에서 그대의 이름을 지우시지 않게 하려는 것이다 (묵시 3,5 참조).

91. 자기 사부에게 순종하는 사람은 자신을 사랑하며, 사부를 반대하여 말하는 사람은 악에 떨어질 것이다.

92. 주님의 계명을 지키는 수도승은 복되며, 자기 사부의 말씀을 경청하는 수도승은 거룩하다.

93. 게으른 수도승은 많은 손해를 입을 것이다. 그가

---

42 잠언 18,1(칠십인역)에는 다음과 같이 서술되어 있다. "친구에게서 분리되기를 원하는 사람은 변명거리를 찾는다." 『시편 주해』*Scholion* 173에서 에바그리우스는 이렇게 말하고 있다. "시편 저자는 변명을 죄라고 말한다. 사실 그는 '죄에 대해 변명거리를 찾기 위하여'(시편 140,4ㄴ 칠십인역)라고 말한다. 그는 친구들을 모든 성인이라고 부르는데, 덕들을 통하여 그들과 관계하였다."

거만해지면 그의 수도복도 거기에 부가될 것이다.[43]

94. 자기 혀를 경계하는 사람은 올바른 길로 나아가며 (참조: 잠언 3,6; 11,5), 자기 마음을 순수하게 보존하는 사람은 인식으로 충만할 것이다.

95. 두말하는 수도승은 형제들을 동요시키며, 신실한 수도승은 고요를 가져온다.

96. 자신의 고행을 신뢰하는 사람은 넘어질 것이며, 자신을 낮추는 사람은 높여질 것이다(마태 23,12ㄴ 참조).

97. 배를 만족시키는 데 열중하지 말고, 밤잠으로 그대를 충족시키지 말라. 이렇게 함으로써 그대는 순수하게 될 것이고, 주님의 영이 그대 위에 내릴 것이기 때문이다(루카 1,35ㄱ 참조).

98. 시편을 노래하는 사람의 영혼은 고요해지며, 참을성 있는 사람의 영혼은 두려움이 없을 것이다.

99. 인식은 온유함에서 생겨나고, 무지는 오만에서 나온다.

---

43 그가 입는 손해에 멸망과 수도복의 박탈도 부가될 것이다. 교만에서 죽음이 생겨난 것처럼 온유에서 생명이 나온다. 교만의 반대는 온유다.

100. 물이 식물을 자라게 하듯이 영혼의 낮추어짐은 마음을 들어 높인다.

101. 향연을 좇는 사람의 등불은 꺼질 것이며, 그의 영혼은 어둠을 볼 것이다.

102. 그대의 빵을 저울에 달고 물을 재서 마셔라. 그러면 음욕의 영이 그대에게서 달아날 것이다.[44]

103. 노인들에게 포도주를 주고 병자들에게 음식을

---

44 참조: 『프락티코스』 16장("우리 영혼이 다양한 음식을 갈망할 때, 빵과 물의 양을 줄일 것이다. 포만은 다양한 음식을 갈망하는데, 허기는 빵만으로 채우는 것을 복되게 여긴다."); 『프락티코스』 17장("물을 적게 마시는 것은 절제에 큰 도움을 준다. 기드온과 함께 미디안을 정복한 삼백 명의 이스라엘인을 보면 납득이 간다."); 『프락티코스』 94장("한낮에 나는 거룩한 사부 마카리우스를 방문했다. 나는 심한 갈증으로 목이 타서 마실 물을 청하였다. 그는 이렇게 말했다. '그늘로 만족하시오. 지금 많은 사람이 물 없이 걷거나 항해 중이오.' 내가 극기에 관해 논하자 그가 나에게 말했다. '아들이여, 용기를 가지시오. 나는 꼬박 20년 동안 빵도 물도 잠도 충분히 취하지 않았소. 사실 내가 먹은 빵을 달아 보았고, 내가 마신 물을 재 보았으며, 등을 벽에 기대어 선잠을 피하였소.'"); 『악한 생각들에 대하여』 24장["그러므로 그대가 순수한 기도를 갈망한다면 증오심으로 자신을 바라보고 절제를 사랑하면서 위를 지배하라. 그대의 배에 빵을 주지 말고 물을 제한하라. 밤새워 기도하고 그대에게서 원한을 멀리하라. 성령의 말씀들이 절대 그대를 저버리지 않게 하고 덕행의 손으로 그것들의 문을 두드리라. 그러면 그대에게 마음의 평정(아파테이아)이 찾아오고, 기도 중에 별과 같은 지성을 보게 될 것이다."]

제공하라. 그들의 젊은 육체가 쇠진되었기 때문이다(잠언 5,11 참조).

104. 형제를 걸려 넘어지게 하지 말고, 그가 넘어졌다고 기뻐하지 말라. 주님이 그대 마음을 아시며(사도 1,24 참조), 죽음의 날에 그대를 넘겨주실 것이기 때문이다.

105. 현명한 수도승은 욕정이 없겠지만, 어리석은 수도승은 악을 끌어들일 것이다.

106. 주님은 사악한 눈은 완전히 멀게 하시지만, 순박한 눈은 어둠에서 구하실 것이다.

107. 하늘에 있는 샛별과 낙원에 있는 종려나무처럼 순수 정신이 온유한 영혼 안에 있다.[45]

---

[45] 이 장은 본문 전체의 전환점이라 할 수 있다. 이 격언에서 '정신'과 '영혼'에 대한 에바그리우스의 이해가 분명하게 드러나 있다. 하느님과의 본디의 일치에서 멀어진 정신은 일종의 분열을 경험하는데, 곧 육체에 결합된 영혼으로 전락한다. 그러나 여기에는 하느님의 섭리로 타락한 정신이 영혼과 육체를 정화함으로써 순수하게 될 수 있는 구원 계획이 감추어져 있다. 이 모든 것은 "영혼 안에 있는 정신"(107장) 안에서 작용한다. 영혼은 정화되어 정신 안에서 그 효과들을 느낄 수 있게 되고, 정신은 다시 순수해질 수 있다. 그러면 정신은 다시 한 번 자신을 본질적 인식에 고정할 수 있게 된다.

에바그리우스는 본질적 인식에 고정된 정신의 존재를 '순수한 기도'라 부른다. 순수한 기도 혹은 본질적 인식은 정신이 갈망하는 상태다(참조: 『기도론』 2: 『그리스 교부 총서』 79, 1168 C). 여기서 형용사 '온유한'은 수행의 목표에 도달한 영혼의 상태를 요약하고 있다. 그러한 영혼 안에서 정신은 그가 갈망하는 상태를 알 수 있다.

'샛별'(heōsphoros)이 상징하는 바는 그리스도론적 언급일 수도 있고 이성적 피조물에 대한 언급일 수도 있다. 성경 본문들은 '샛별'을 직접 그리스도에게 혹은 그분이 가져오는 어떤 구원의 차원에 연결시킨다(참조: 루카 1,78; 2베드 1,19; 묵시 2,28; 22,16). 그리스도는 결코 타락하지 않은 순수 정신이다. 이 장에서 말하는 순수 정신은 타락했던 정신이 다시 순수하게 된 정신이다. 순수(한) 정신(을 회복한 인간)은 그리스도와 함께 본질적 인식에 참여한다.

'~처럼'(hospĕr)이라고 말하는 것은 '샛별'이 뜻하는 의미의 폭을 넓혀 두는 것이다. "너 새벽 여신의 아들 샛별아, 네가 하늘에서 떨어지다니!"(이사 14,12). 그리스도인들은 바빌론 왕을 거스른 이사야의 이 예언에서 '샛별'을 하늘에서 떨어지는 사탄으로 해석하곤 했다. 107장에서 흥미로운 점이 나타나는데, 곧 온유한 영혼 안에 있는 순수 정신이 타락 이전 이성적 피조물들 가운데 가장 아름다운 존재, 즉 타락 이전의 악마에 비교되고 있다. 모든 이성적 피조물은 '샛별처럼' 아름다운 상태에서 추락한다. 이는 모든 이성적 피조물이 선택한 악한 결정의 결과다. 타락한 피조물이 온유한 영혼 안에 순수 정신이 되면 다시 '샛별처럼' 될 것이다.

'낙원'은 수행의 목표에 이른 후에 들어가는 인식의 초기 차원들과 비슷한 '배움의 장소'로 이해할 수 있다. 낙원에 있는 '종려나무'는 수행을 통해서 오는 합리적 본성(reasonable nature)을 상징한다. 수행의 목표를 달성하여 인식의 초기 단계들로 들어선 '합리적 본성'이 바로 낙원에 있는 '종려나무'다.

108. 지혜로운 사람은 하느님 말씀을 주의 깊게 살필 것이며, 어리석은 사람은 그것을 조롱할 것이다.

109. 하느님에 대한 인식을 미워하고 그분께 대한 관상을 거부하는 사람은 창으로 자신의 심장을 찌르는 사람과 같다(요한 19,34 참조).

110. 삼위일체에 대한 인식이 영적 존재들에 대한 인식보다 우월하며, 그분에 대한 관상이 모든 세기의 이유들보다 우월하다.

☞ '낙원'은 '천국'보다는 하위에 있는 상징이다. 이는 수행이 인식 아래 있고, 피조물의 존재 이유에 대한 인식이 본질적 인식(정신은 원래 이것을 위해서 창조되었다) 아래 있으며, 영혼이 정신보다 하위에 있는 것과 마찬가지다. 에바그리우스는 107장에서 영혼 안에 있는 정신을 나타내는 두 가지 상징을 제시하고 있다. 하나는 그 원래 상태의 정신에게 더 적합한 상징(천국에 있는 샛별)이며, 또 다른 하나는 수행을 통해서 그 원래 상태로 되돌아가려고 노력하는 영혼에게 더 적합한 상징(낙원에 있는 종려나무)이다. 두 상징은 영혼 안에 있는 정신의 유일한 실재에 대한 두 가지 다른 차원을 드러낸다. 샛별은 정신의 원래 상태를 말하고, 종려나무는 이 상태로 되돌아가는 정신이다. 그런 정신을 특징짓는 것이 바로 '온유한 영혼'이다. 다시 한 번 '온유'가 수행생활 전체를 요약하고 수행의 목표(자기가 갈망하는 것에 자신을 고정할 수 있는 정신)를 위한 길을 준비한다. 그러한 정신이 순수 정신이다.

111. 노인의 백발은 온유함이며, 그의 삶은 진리에 대한 인식이다.

112. 온유한 젊은이는 많은 것을 견디지만, 자제력이 부족한 노인을 누가 견딜 수 있겠는가? 나는 옥좌에 오른 성난 노인을 보았지만, 그 젊은이가 그보다 훨씬 더 위대한 희망을 품고 있었다.[46]

113. 세상 사람들에게 걸림돌이 되는 사람은 반드시 처벌받을 것이며, 그들을 화나게 하는 사람은 자기 이름을 더럽힌다.

114. 불은 주님의 교회를 동요시키는 자를 태워 버릴 것이며(신명 5,25 참조), 땅은 사제에게 저항하는 자를 삼켜 버릴 것이다(참조: 민수 16,30.32.34).

115. 꿀을 사랑하는 사람은 벌집을 먹을 것이고, 꿀을 모으는 사람은 성령으로 충만할 것이다.[47]▶

116. 주님을 공경하라(참조: 잠언 3,9; 14,31). 그러면 그대는 영적 존재들의 이유들을 알게 될 것이다. 주님을 섬

---

46 '자제력이 부족한'(*oligopsychos*): 이는 약하고 소심한 사람이 아니라 자제할 수 있는 영혼을 소유하지 못하고 쉽게 분노하는 사람이다.

기라. 그러면 주님이 그대에게 영겁永劫의 이유들을 보여 주실 것이다.

117. 인식 없이 마음은 고양되지 않을 것이며, 나무는 물 없이 꽃을 피우지 못할 것이다.

118. 그리스도의 살은 수행의 덕들이고, 그 살을 먹는 사람은 욕정이 없을 것이다.[48]

◀47 솔로몬은 잠언 6,6에 언급된 개미를 통해서 우리에게 수행의 길을 묘사하고, 꿀벌을 통해서는 피조물과 창조주에 대한 관상을 묘사한다. 순결한 자이든 불결한 자이든, 지혜로운 자이든 어리석은 자이든(로마 1,14) 각자 자기 영혼의 건강을 위하여 입으로 꿀을 채취한다.

'성령으로 충만함': 성경적 표현으로, 그러한 인식을 모으거나 쌓는 사람이 도달하는 정점이다. 이 표현은 잠언 15,4 칠십인역("거룩한 말은 생명의 나무이고, 그것을 유지하는 사람은 성령으로 충만할 것이다")과 집회 48,12 칠십인역("엘리사는 성령으로 충만하였다")에서 나타나며, 루카계 문헌들에서도 자주 나타난다(참조: 루카 1,15.41.67; 사도 2,4; 4,8.31; 9,17; 13,9).

48 118-120장은 수행에서 피조물에 대한 관상과 하느님에 대한 인식으로 나아가는 움직임을 묘사하고 있다. 이 움직임은 최후 만찬의 상징들로 설명되고 있다. '살'(육체)에서 '피'와 '주님의 가슴'으로 이동함으로써 하느님과의 친밀함으로 나아감을 표현하고 있다. 이 상징들은 곧 아파테이아, 관상, 하느님에 대한 인식을 상징한다. 이 세 격언은 모두 더 깊은 친밀함으로 나아가는 운동에서 그리스도와 직접적이고 깊고 필수불가결한 관계를 보여 준다. 여기서 그리스도의 살(육체)은 덕이고, 그분의 피는 관상이며, 그분의 가슴은 인식이다. 118장에서는 프라티케의 덕들에

119. 그리스도의 피는 피조물에 대한 관상이며, 그 피를 마시는 사람은 그 피로써 지혜로워질 것이다.⁴⁹

120. 주님의 가슴은 하느님에 대한 인식이다. 거기에 기대는 사람은(요한 13,23 참조) 신학자가 될 것이다.⁵⁰

연결된 육체에 대해서 말하고 있다. 육체는 타락한 영혼에게 도구로 주어진다. 정신은 하느님 인식에서 멀어졌는데, 육체에 덕을 심음으로써 다시 이 인식을 위해 준비된다(『프락티코스』 53장 참조). 육체를 통해서 아파테이아에 이르게 되며, 피조물에 대한 관상에 이른다.

49 이 장에서는 피가 피조물에 대한 관상과 연결된다. 육체와의 관계에서 피는 더 내적이고, 더 고귀하며, 더 생명을 주는 차원을 표현한다. 피조물에 대한 관상 역시 존재들에 대한 내적 차원, 곧 그들의 존재 이유들(lŏgŏi)이다. 에바그리우스가 피를 이 관상에 연결시키는 이유는 피와 포도주의 고귀한 차원 때문이며, 또 성찬례에서 포도주가 빵 다음에 오듯이 관상은 수행 이후에 온다는 사실 때문이다.

50 여기서는 가슴이 하느님에 대한 인식과 연결되며, 하느님과의 더욱 깊은 친밀함을 향해 계속 나아간다. 주님의 가슴은 하느님에 대한 인식을 상징한다. 가슴은 에바그리우스가 흔치 않게 사용하는 상징이다. 현재 문맥에서 그는 최후 만찬을 생각하고 있고, 최후 만찬 동안 주님의 가슴 가까이 기대어 있었던(요한 13,25 참조) 요한복음의 사랑하는 제자의 이미지에 영감을 받았음이 확실하다. 에바그리우스에게 '하느님에 대한 인식'은 '삼위일체에 대한 인식'을 의미한다. '신학자'는 복음사가 요한을 뜻한다. 요한은 에바그리우스 시대 이전에 '신학자'란 명칭으로 이미 잘 알려져 있었다. 에바그리우스는 요한복음, 특별히 요한복음 17장을 바탕으로 자신의 심오한 삼위일체 신학을 발전시켜 나간다.

121. 관상가와 수행을 완수한 자가 서로 만났다. 그들 가운데 주님이 서 계신다.

122. 사랑을 획득한 사람은 보물을 얻은 것이다. 그는 주님의 은총을 받았다.

123. 지혜는 악령들의 가르침을 알고, 현명은 그들의 교활한 수법을 추적한다.

124. 교부들이 전해 준 거룩한 가르침을 거부하지 말라. 그대의 세례 신앙을 저버리지 말며, 영적 인호를 부인하지 말라. 그래야만 주님께서 그대의 영혼 안에 오실 수 있고 재앙의 날에 그대를 보호하실 것이다.

125. 이단자들의 가르침은 죽음의 사자들이며(잠언 16,14ㄱ 참조), 그것을 받아들이는 사람은 자기 영혼을 잃는다.

126. 그러므로 아들아, 이제 내 말을 들어라. 불의한 자들의 문에 다가가지 말며, 함정에 빠지지 않도록 그들의 올가미 위를 걷지도 말라. 그대의 영혼이 거짓 인식을 멀리하게 하라. 실제로 나는 불의한 자들과 함께 자주 이야기하였고, 그들의 은밀한 가르침을 밝혀냈으며, 거기서 독사의 독(참조: 시편 14,4; 140,4ㄴ)을 발견하였다. 그들

의 가르침에는 지혜도 없고 현명도 없다. 그것을 받아들이는 사람은 모두 멸망할 것이며, 그것을 사랑하는 사람은 악으로 채워질 것이다. 나는 이 가르침들의 창시자들을 보았고 사막에서 그들과 맞닥뜨렸다. 사실 주님의 적들이 나와 우연히 마주쳤고, 악령들은 그들의 가르침으로 나에게 맞서 싸웠으며, 나는 그들의 말에서 참된 빛(요한 1,9ㄱ 참조)을 보지 못했다.

127. 거짓말쟁이는 하느님에게서 멀어질 것이며, 자기 이웃을 속이는 자는 재앙에 떨어질 것이다.

128. 채소밭(신명 11,10)보다 하느님의 낙원이 더 좋고, 땅을 어둡게 하는 거대한 강보다 주님의 강이 더 좋다.[51]

129. 땅에서 길어 올리는 이집트 현자들의 물보다 천상의 물이 더 신뢰할 만하다.[52]

---

[51] 성경 장소들을 통해 하느님이 친히 가꾸신 정원(낙원)에 대해서 언급되고 있다(참조: 창세 2-3장; 에제 31장). 이어서 언급된 '주님의 강'은 시편 65,10을 참조하고 있다. 반면, '거대한 강'은 유프라테스강인 듯하다(참조: 창세 15,18ㄱ; 묵시 9,14; 16,12).

[52] 여기서 언급된 '물'은 '생명의 샘에서 솟아나는 천상의 물'(시편 36,10ㄱ)을 암시한다.

130. 바퀴 위로 올라가는 사람이 다시 아래로 내려오듯 자기 말을 찬양하는 사람은 그 말로 낮추어질 것이다.

131. 주님의 지혜는 마음을 고양시키고, 주님의 현명은 마음을 정화한다.

132. 신적 섭리의 이유는 모호하고, 정신이 이해하기 힘든 것은(2베드 3,16 참조) 심판에 대한 관상이다. 그러나 수행자는 그것을 알 것이다.

133. 자신을 정화하는 사람은 이성적 본성들을 보게 될 것이고, 온유한 수도승은 영적 존재들의 이유들(lŏgŏi)을 알게 될 것이다.

134. 성삼위가 피조물이라고 말하는 사람은 하느님을 모독하는 것이며, 그분의 그리스도를 거부하는 사람은 그분을 알지 못할 것이다.

135. 세상에 대한 관상은 마음을 넓히며(시편 119,32ㄴ 참조), 신적 섭리와 심판의 이유들은 마음을 들어 높인다.

136. 영적 존재들에 대한 인식은 정신을 고양시켜 성삼위께 다가가게 한다.[53]

137. 주님 안에서 여러분에게 명료한 격언들을 준 사람을 기억하고, 기도할 때 내 비천한 영혼을 잊지 말라.

53 에바그리우스 작품들에서 성삼위에 대한 인식은 모든 인식의 궁극 목표로 매우 자주 언급된다. 「수도승을 위한 권고」에서 '삼위일체'는 세 번 언급되는데, 작품의 전환점이라 할 수 있는 107장을 기점으로 이후 제2부에 나타난다(110장; 134장; 136장). 『프락티코스』에서 에바그리우스는 수도승의 영적 여정의 삼중 구분과 이중 구분 모두에 대해서 말하고 있다. "그리스도교는 우리 구세주 그리스도에 대한 가르침이다. 이 가르침은 '프락티케'와 '퓌시케', 그리고 '테올로기케'로 구성된다. 하늘 나라는 실재들에 대한 참된 인식과 함께 영혼의 '아파테이아'다. 하느님 나라는 정신의 능력으로 확대되며, 부패하지 않는 탁월한 능력을 정신에 부여하는 성삼위에 대한 인식이다"(『프락티코스』 1-3장). 『프락티코스』 1장은 「수도승을 위한 권고」 118-120장에서 구성된 것과 동일한 삼중 구분에 대해서 말하고 있다. 『프락티코스』 2-3장은 인식의 다양한 차원을 구별하고 있다. 그리고 이것은 하느님 나라와 하늘 나라에 대한 구별을 묘사함으로써 행해진다. 절정은 삼위일체에 대한 인식이다. 「수도승을 위한 권고」 136장에서 정신은 '고양'되어 '제시'된다. '올라간다는 것'은 인식에서의 진보를 묘사하기 위해 에바그리우스가 자주 사용하는 표현 중 하나다.

동정녀를 위한 권고

1. 주님을 사랑하라. 그러면 주님이 그대를 사랑하실 것이다. 주님을 섬기라. 그러면 주님이 그대의 마음을 비추어 주실 것이다.[54]

2. 그리스도의 어머니처럼 그대의 어머니를 공경하고 그대를 낳으신 분의 노년을 무겁게 하지 말라.[55]

3. 그대 어머니의 딸들처럼 그대의 자매들을 사랑하

---

54 에바그리우스는 1-3장까지 사랑에 대해서 이야기하고 있다. 주님께 대한 사랑으로 시작해서 영적 사모師母에 대한 사랑, 그리고 자매들에 대한 사랑으로 나아가고 있다.

55 '그대의 어머니'와 '그대를 낳으신 분'은 자신을 영적으로 낳은 영적 사모를 말한다.

라.⁵⁶ 그러면 그대는 평화의 길을 저버리지 않을 것이다 (루카 1,79ㄴ 참조).

4. 태양은 떠오르면서 그대 손에 있는 책을 보고, 제2시(오전 8시) 이후에는 그대의 노동을 본다.⁵⁷

5. 끊임없이 기도하고(1테살 5,17 참조) 그대를 낳으신 그리스도⁵⁸를 기억하라.

6. 사람들과의 만남을 피하라. 이는 그대 영혼에 상像

---

56 혈연으로 맺어진 자매가 아닌 영적 사모에게서 난 자매들을 친자매처럼 사랑하라는 뜻으로 이해할 수 있다.

57 이 장 전반부에서 아침기도와 성경 독서가 암시되어 있다. 멜라니아의 예루살렘 공동체에서는 일출부터 오전 8시까지 아침기도와 성경 독서를 하고, 그 후 노동을 했던 것처럼 보인다(아달베르 드 보쾌 「300~700년경 수도원들 안에서 매일의 독서」 허성석 옮김, 『코이노니아』 30, 한국 베네딕도 수도자 모임 2005, 22-39 참조).

58 그리스도는 상황에 따라 아버지일 수도 어머니일 수도 있다. 양자의 영을 소유한 사람에게는 아버지요(로마 8,15 참조), 젖과 연한 음식이 필요한 사람에게는 어머니다. 사실 사도 바오로를 통해서 말씀하시는 그리스도(2코린 13,3 참조)는 에페소 신자들에게 지혜의 신비들을 계시하시면서 그들의 아버지가 되지만(에페 3,1-19 참조), 코린토 신자들에게는 젖을 주는 어머니다(1코린 3,2 참조). 에바그리우스의 체계에서는 하느님의 아들이 되기 전에 그리스도의 아들이 되어야 한다.

이 떠오르지 않게 하여 기도할 때 그대에게 장해가 되지 않게 하려는 것이다.[59]

7. 그대는 기쁨으로 그리스도를 소유한다. 사람을 멀리하라. 그러면 치욕적인 삶을 살지 않을 것이다.[60]

8. 증오심과 분노를 멀리하라. 그러면 그대 안에 원한이 없을 것이다.[61]

9. '오늘은 먹고 내일은 먹지 않으리라'고 말하지 말라. 그대는 별생각 없이 그렇게 말하는데, 사실 그렇게 하면 그대의 육체에 해가 되고 그대의 위장에 고통을 초래할 것이다.[62]▶

---

59 에바그리우스는 이 장과 다음 장(7장)에서 사람들과의 관계에서 절제를 강조하고 있다. 가능하면 만남을 피하라고 권고한다. 실제로 사람들과의 무절제한 만남과 관계는 기도생활에 방해가 된다.

60 사람을 멀리하라는 것은 사람에 대한 혐오나 적의가 아니라 그리스도만을 소유하고 그분 안에서 참된 기쁨을 누리려는 것이다.

61 여기서 처음으로 분노가 언급된다. 이후 19장과 45장에서도 '성냄'이라는 비슷한 표현이 나온다. 에바그리우스에게 분노는 치명적인 유혹이다. 분노는 증오심과 원한으로 이끌고 사람들과의 관계를 단절시킨다. 특히 기도할 때 우리 정신을 흩뜨리고 마음을 동요시켜 순수한 기도로 나아가지 못하게 방해하는 걸림돌이다(『프락티코스』 11장 참조).

10. 고기를 먹는 것은 좋지 않으며 포도주를 마시는 것도 바람직하지 않다. 그러나 연약한 이에게는 이런 것을 제공할 필요가 있다.[63]

11. 오만한 동정녀는 구원받지 못할 것이며, 나태하게 생활하는 동정녀는 신랑을 보지 못할 것이다.[64]

12. 그대는 '시녀가 나를 실망시켜서 그녀를 벌하리라'고 말하지 않을 것이다. 하느님의 딸들 가운데 몸종은 없기 때문이다.[65]

◀62 규칙적 식습관의 중요성을 강조하고 있는 듯하다. 불규칙한 식습관은 건강을 해칠 수 있기에 일정한 양을 규칙적으로 먹는 것이 좋다. 에바그리우스는 "수도승은 마치 오랜 세월 육체와 함께 살아야 하는 것처럼 육체를 사용해야 한다"(『프락티코스』 29장 참조)고 말하면서 금욕 수행에서 중용을 강조한다.

63 금육과 금주는 사막 수도승들의 관습이었다. 수도승 전통에서 고기 같은 칼로리가 높은 음식은 쉽게 욕정을 자극할 수 있기에 수행자에게 적합하지 않은 음식으로 여겨졌다. 포도주도 "지각 있는 이를 타락시키기"(집회 19,2) 때문에 가급적 피하고자 했다. 그래서 압바 포이멘은 "포도주는 수도승들을 위한 것이 아니오"(『교부들의 금언』 포이멘 19; 참조: 코소이우스 1)라고 말하고 있다. 그러나 병자나 노약자에게는 늘 예외가 허용되었다. 이것은 수도승들이 엄격한 규율을 준수했지만 그 자체에 집착하지 않았음을 보여 주는 예다.

64 마태 25,1-13 참조.

13. 헛된 이야기에 귀를 기울이지 말고, 떠돌이 늙은 이의 이야기를 멀리하라.⁶⁶

14. 그대는 술 취한 자의 축제를 모르고 이방인의 혼인 잔치에도 가지 않을 것이다.⁶⁷ 사실 그렇게 하는 모든

---

65 전반부는 관대함을 강조하고 있고, 후반부는 공동체 안에서의 평등과 형제적 사랑을 말하고 있다.

66 에바그리우스는 여기서 귀의 절제에 대해 말하고 있다. 헛되고 거짓된 말에 귀를 기울이다 보면 참되고 진실한 말, 하느님의 말씀을 놓쳐 버릴 수 있기 때문이다.

67 여기서 에바그리우스는 단순히 초대받은 동정녀가 자기 공동체에서 나가지 않도록 권고하는 것 같다. 이집트로 성지순례를 가려는 세베라에 대해 에바그리우스는 「서간」 7에서 이렇게 말하고 있다. "저는 정결한 여집사 세베라의 뜻을 칭찬했지만, 그 뜻의 실행은 받아들이지 않았습니다. 사실 저는 그녀가 힘들게 오랜 여행을 해서 어떤 유익을 얻게 될지 모르겠습니다. 오히려 저는 주님의 도움을 받아 그녀와 그녀의 일행이 얼마나 큰 해를 입을 것인지 보여 주었다고 믿습니다. 그러므로 세상을 포기한 사람들이 무익한 여행을 하지 않을 수 있도록 주교님께서 선처해 주시기 바랍니다." 멜라니아에게 보낸 「서간」 8에서도 비슷한 이유가 반복된다. "당신 자매와 딸들에게 오랜 여행을 하지도 말고 무분별하게 황폐한 장소에 가지도 말라고 가르치십시오. 사실 이것은 세상에서 멀어진 모든 영혼에게는 무관한 일입니다." 그렇다 하더라도 '혼인 잔치에 가다'(문자 그대로는 '혼인 잔치에 들어가다')라는 표현은 마태 22,2-13에서 추론 가능하다. 에바그리우스는 인식의 혼인 잔치에서 자리를 얻게 해 주는 예복에 관해서 매우 자주 묵상했다. 여기서 이방인은 악령일 수 있다.

동정녀는 주님께 불결하다.

15. 주님의 말씀으로 그대의 입을 열고 그대의 혀로 잡담하지 말라.[68]

16. 주님 앞에서 자신을 낮추어라. 그러면 그분의 오른손이 그대를 일으킬 것이다(시편 118,16ㄱ 참조).

17. 곤경에 처한 가난한 이들을 물리치지 말라. 그러면 그대 등잔에 기름이 마르지 않을 것이다(마태 25,1-13 참조).[69]

18. 모든 것을 주님 때문에 행하고 사람에게서 영광을 찾지 말라. 사람의 영광은 들풀과 같다(1베드 1,24 참조). 그러나 주님의 영광은 영원히 남는다(이사 40,6-8 참조).

19. 주님은 온유한 동정녀를 사랑하신다. 성을 잘 내

---

68 에바그리우스는 이 장과 42장, 46장, 49장에서 입과 혀의 절제에 대해 말하고 있다. 여기서는 쓸데없는 공허한 말을 하지 말라고 한다. 입과 혀는 일차적으로 주님을 찬양하는 데 사용되어야 한다. 수도자가 하루를 시작하면서 바치는 첫 시간 전례 도입 구절은 이 점을 잘 상기시켜 주고 있다. "주님, 제 입시울을 열어 주소서. 제 입이 당신 찬미를 전하오리다." 입과 혀는 또한 진실하고 좋은 말을 하는 데 사용되어야 한다. 거짓되고 나쁜 말을 하는 데 사용되면 사람을 공격하고 죽이는 수단이 될 수 있다.

69 참조: 43장; 53장; 『그노스티코스』 7장. 이 장은 애덕과 자선에 대해 이야기하고 있다(참조: 29장; 31장; 32장; 36장; 41장; 43장).

는 동정녀는 미움을 받을 것이다.[70]

20. 유순한 동정녀는 자비를 입을 것이며, 반박하는 동정녀는 매우 어리석다.[71]

21. 주님은 불평하는 동정녀를 파멸시키시고, 감사하는 동정녀는 죽음에서 구원될 것이다.[72]

---

[70] 에바그리우스는 이 장과 20장 그리고 45장에서 '온유'를 강조하고 있다. 온유의 반대는 분노 혹은 성냄이다. 온유는 수행의 정점과도 같다. 에바그리우스에 따르면, 수행은 분노에서 온유로 나아가는 과정이다. 수행을 통해 덕을 쌓아 덕스러운 상태에서 드러나는 모습이다. 여기서 '동정녀'는 수도 공동체에서 생활하는 여자 수도승을 뜻한다.

[71] '유순함'은 '온유함'의 또 다른 표현이다. '반박하는'이란 말은 자기주장이 강하여 매사에 잘 따진다는 뜻이다. 실제 유순하고 순종적인 사람은 공동체 안에서 사람들에게 사랑을 받지만 거칠고 까다롭고 불순종적인 사람은 미움을 받는다. 온유는 공동생활을 하는 사람에게 필요한 가장 중요한 덕 중 하나다.

[72] 이 장에서는 '불평'과 '감사'가 대조되며 감사의 중요성이 강조된다. 불평과 감사는 사물을 바라보는 눈에 달려 있다. 매사를 부정적인 눈으로 바라보면 불평거리로 가득하다. 반면 긍정적인 눈으로 보면 감사할 것이 넘쳐 난다. 공동체 안에서 다른 사람과의 불필요한 비교와 경쟁은 늘 자신과 모든 것에 만족하지 못하게 한다. 각자 하느님에게서 받은 자신의 고유한 선물을 발견하고, 지금까지 베풀어 주신 하느님의 사랑과 자비를 생각하면 감사하지 않을 수 없을 것이다. 부당한 불평불만은 공동생활을 파괴하는 암적 요소다.

22. 음란한 웃음과 수치스런 뻔뻔스러움. 모든 어리석은 동정녀는 이러한 것들에 사로잡힐 것이다.[73]

23. 자기 옷을 꾸미는 자는 절제에도 무관심할 것이다.[74]

24. 속된 여인들과 함께 거주하지 말라. 그들이 그대의 마음을 흩뜨려 올바른 의지를 무력화시킬 수 있기 때문이다.[75]

25. 밤중에 눈물로써 주님을 위로하라. 그러면 아무도 그대가 기도하는 소리를 듣지 못하게 되고 그대는 은총

---

73 이 장은 음욕에 사로잡힌 동정녀가 드러내는 태도를 말하고 있다. 에바그리우스는 이 장과 44장, 47장, 52-53장에서 불결한 동정녀가 당하게 될 운명 등을 이야기하며 정결을 강조하고 있다.

74 '자기 옷을 꾸민다'는 것은 외적 치장에 신경 쓰는 것을 말한다. 이는 허영과 사치의 발로일 수 있다. 수도자는 이 세상의 미美, 외적이고 육체적인 미를 포기하고, 내적이고 영적인 참된 미를 추구하는 사람이다. 외적 치장에 너무 신경 쓰다 보면 참되고 영원한 아름다움에 대한 갈망과 추구가 식을 수 있다. 허영과 사치는 수도자가 경계해야 할 악습이다.

75 이 장에서도 사람들과의 교제에 대해 말하고 있다. 세속적인 가치를 추구하는 사람들과 함께 살다 보면 부정적인 영향을 받아 처음에 품었던 올바른 뜻이 퇴색될 수 있다. 우리가 누구와 더불어 살고 누구와 대화하고 친분을 나누느냐에 따라 우리의 삶과 인격도 달라질 것이다.

을 입게 될 것이다.[76]

26. 산책을 바라고 남의 암자를 탐하면 영혼의 상태가 뒤틀리고 그 목적이 퇴색된다.[77]

---

[76] 눈물과 탄식(*penthos*)으로 드리는 은밀한 기도의 중요성을 말하고 있다. 기도는 성령의 영감으로 길어지는 경우가 아니라면 짧고 단순해야 한다는 것이 수도교부들의 공통된 가르침이다. 6~7세기 시나이의 교부 요한 클리마쿠스는 말한다. "기도할 때 어려운 말을 하려 하지 마시오. 종종 어린이의 단순하고 단조로운 울부짖음이 하늘에 계신 그들 아버지의 마음에 와닿기 때문이오"(『천국의 사다리』 28,9). 에바그리우스도 "기도의 탁월성은 단순히 그 양에 있지 않고 질에 있다. 이것은 성전에 들어간 두 사람을 통해 입증된다"(『기도론』 151)고 가르치고 있다. 베네딕도 성인도 교부들의 전통을 잘 반향하고 있다. "우리는 많은 말로써가 아니라 순수한 마음과 통회의 눈물로써 우리의 간청이 받아들여짐을 알아야 한다. 이 때문에 기도는 신적 은총의 영감으로 길어지는 경우가 아니라면 짧고 순수해야 한다"(『베네딕도 규칙』 20,3-4).

[77] '산책을 바란다'는 것은 독방 안에서의 수행에 항구하지 못하고 자꾸 밖으로 나가고 싶어 하는 유혹이다. 보통 아케디아의 악령은 수도승을 독방 밖으로 나가도록 유혹한다. '남의 암자를 탐하다'는 것은 자신의 암자에 만족하지 못하고 그보다 더 좋은 다른 형제의 암자를 부러워하고 갖고 싶어 하는 유혹이다. 이런 유혹들에 빠질 때 평화를 잃고 목적도 퇴색된다는 것이다. 귀오몽Guillaumont이 『프락티코스』 43장 주해에서 해석하고 있듯이 에바그리우스는 여기서 상태(*katastasis*)란 용어를 긍정적 의미로 사용하고 있다. 따라서 이 용어를 단순히 '상태'로서가 아니라 '평화'나 '평정 상태'로 알아들어야 한다.

27. 충실한 동정녀는 겁먹지 않을 것이지만, 불충한 동정녀는 자기 그늘도 피할 것이다.[78]

28. 시기는 영혼을 고갈시키고, 질투는 영혼을 삼켜 버린다.[79]

29. 연약한 자매를 업신여기는 자는 그리스도에게서 멀어질 것이다.[80]

30. '이것은 내 것이고 이것은 네 것이다'라고 말하지 말라. 사실 예수 그리스도 안에서 모든 것은 공동의 소유다(참조: 사도 2,44; 4,32).[81]

---

[78] 두려움이 충실성의 여부에 달려 있다고 말하는 점이 흥미롭다. 하지만 여기서 에바그리우스는 충실과 불충실의 대상은 구체적으로 언급하지 않는다. 아마도 수도생활과 자신이 발한 서약에 대한 충실을 강조하고 있는 것으로 해석할 수 있다.

[79] 공동생활에서 흔히 있을 수 있는 시기와 질투의 위험성을 강조하고 있다. 시기와 질투는 남들과의 비교와 경쟁심에서 생겨나고 마침내 우리 영혼을 파괴하는 악습들이다. 각자 자존감을 회복할 때 이런 악습의 유혹에서 벗어날 수 있을 것이다.

[80] 이 격언은 공동체 안에서 흔히 무시될 수 있는 약자에 대한 존중과 배려를 말하고 있다. 약자를 무시하면 그리스도에게서 멀어진다는 생각은 그리스도께서 특히 약자들 안에 현존하신다는 복음의 가르침(마태 25,31-45 참조)에 바탕을 두고 있다.

31. 남의 생활에 간섭하지 말고(2테살 3,11 참조), 그대 자매의 불행을 기뻐하지도 말라.[82]

32. 궁핍한 동정녀들을 도와주고 그대의 탁월함을 자랑하지 말라.[83]

33. 주님의 교회 안에서 그대 입으로 어떤 말도 발설하지 말 것이며(1코린 14,34-35 참조), 눈을 치켜뜨지도 말 것이다(시편 131,1ㄱ 참조). 사실 주님은 그대의 마음을 아시며 그대의 모든 생각을 살피신다(사도 1,24 참조).[84] ▶

---

81 에바그리우스는 여기서 사도행전을 근거로 개인소유를 금지하고 있다. 개인소유의 근원은 탐욕이다. 공동체는 그리스도 안에 한 몸이기에 모든 것은 모두에게 공동소유다. 따라서 공동체 안에서 '내 것, 네 것'을 따지는 것은 공동체 의식의 결여와 탐욕에서 나온다. 이 장에는 공동생활의 이상이 사도행전에 나오는 초기 예루살렘 공동체임이 암시되어 있다.

82 공동생활에서 가장 힘든 것 중 하나는 상대방의 고유성에 대한 인정과 수용이다. 늘 다름을 경험하게 되고 그것을 인정하고 받아들이기까지는 힘들고 오랜 과정을 거친다. 또 공동생활의 걸림돌 중 하나는 남들과의 비교와 경쟁이다. 그래서 남의 불행에 기뻐하고 행복에 슬퍼한다. 이 모든 것은 애덕을 거스르는 행위다.

83 이 장 역시 애덕과 자선을 강조하고 있다. 동시에 겸손을 권고한다. 매사에 요란스럽지 않고 겸손한 자세로 선행을 베푸는 것은 복음이 가르치는 바다(마태 6,3 참조).

34. 모든 악한 생각을 던져 버려라. 그러면 적들이 그대를 슬프게 하지 못할 것이다.[85]

35. 마음으로 시편을 노래하고, 그대 입에서 혀만 놀리지 말 것이다.[86]

36. 어리석은 동정녀는 돈을 사랑할 것이고, 현명한 동정녀는 자기 빵조차 내어 줄 것이다.[87]

◀84 에바그리우스는 1코린 14,34-35("여자들은 교회 안에서 잠자코 있어야 합니다. 그들에게는 말하는 것이 허락되어 있지 않습니다. 율법에서도 말하듯이 여자들은 순종해야 합니다. … 여자가 교회에서 말하는 것은 부끄러운 일입니다")을 근거로 겸손한 말과 순종을 강조하고 있다. 주님께서 우리 마음과 생각을 아시기 때문이다.

85 이 장과 38장에서는 악한 생각과의 싸움에 대해 이야기하고 있다. 이 장에서는 악한 생각과 슬픔이 연결된다. 악한 생각이 슬픔의 원인이 될 수 있다는 것이다. 따라서 악한 생각을 받아들이지 않고 떨쳐 버리는 것이 중요하다.

86 이 장은 5장과 더불어 기도에 대한 장이다. 5장이 끊임없는 기도를 권고하고 있다면, 여기서는 기도의 방법을 이야기하고 있다. 기도는 몸(입과 혀)으로 시작하지만, 정신을 통해서 마음으로 내려가야 한다. 즉, 입으로 되뇌는 내용에 정신이 머물고 마침내 마음으로 내려가는 것이다. 마음의 기도는 기도의 최종 목표이자 바로 우리가 신비적 기도 혹은 관상기도라 부르는 것이다. 이 장은 기도의 방법에 대해 이야기하는 베네딕도 성인의 다음 구절을 연상시킨다. "우리 정신이 우리 목소리와 조화되도록 그렇게 시편을 낭송할 준비를 갖추도록 하자"(『베네딕도 규칙』 19,7).

37. 불의 기세를 꺾기 어렵듯이 상처받은 동정녀의 영혼을 치유하기란 쉽지 않다.[88]

38. 악한 생각에 그대 영혼을 넘기지 말라. 이는 악한 생각이 그대 마음을 오염시켜 그대에게서 순수한 기도를 방해하지 않게 하려는 것이다.[89]

39. 슬픔은 무겁고 아케디아는 저항하기 힘들지만, 하느님을 향한 눈물은 이 둘보다 강하다.[90]

40. 주림과 갈증은 악한 욕망을 잠재우고, 적절한 절

---

87 전반부는 돈에 대한 사랑과 집착, 즉 탐욕에 대해서 말하고 있고, 후반부는 애덕과 자선에 대해 이야기하고 있다. 이 둘은 밀접하게 연결되어 있다. 탐욕에서 자유로워질 때 자기 것을 내어 주고 남과 기꺼이 나눌 수 있기 때문이다.

88 영혼의 상처에 대한 이 장은 우리 안의 상처는 쉽게 치유되지 않는다는 것을 경험으로 말하고 있다. 공동생활을 하면서 서로 주고받은 상처들은 우리 영혼을 병들게 하고 결국 사랑의 길에서 멀어지게 할 수 있다.

89 이 장에서는 악한 생각과 기도의 관계가 언급된다. 악한 생각은 우리 정신을 흩뜨리고 우리 마음을 오염시켜 순수한 기도를 방해한다는 것이 에바그리우스의 생각이다. 악령들은 바로 이런 목적으로, 즉 마음 안에서의 순수한 기도를 방해하려고 우리에게 악한 생각들을 불어넣는다. 따라서 악한 생각을 거부하고 거기에 걸려 넘어지지 않으려 노력해야 한다.

90 여기서는 눈물(탄식)이 슬픔과 아케디아의 치료제로 제시된다.

야는 정신을 정화한다.[91]

41. 애덕은 분노와 증오심을 막아 주고, 선물은 원한을 누그러뜨린다.[92]

42. 자기 자매를 몰래 험담하는 자는 신랑(그리스도)에게 거부당할 것이다. 그녀는 신랑의 집 문에서 부르짖겠지만 거기에 듣는 자는 없을 것이다.[93]

43. 무자비한 동정녀의 등불은 꺼질 것이며, 자기 신랑이 오는 것을 보지 못할 것이다(마태 25,1-13 참조).[94]

44. 돌 위에 떨어지는 유리는 깨지며, 남자와 접촉하는 동정녀는 결백한 상태로 있지 못한다.[95]

---

91 이 장에서는 단식과 철야에 대해서 이야기하고 있다. 음식과 음료의 절제는 욕망을 누그러뜨리고 철야는 정신을 맑게 한다는 것이다. 실제로 과식과 과음은 욕망을 부채질하고 과도한 잠은 정신을 흐리게 한다.

92 에바그리우스는 『프락티코스』에서도 이와 비슷한 말을 하고 있다. "선물은 화를 가라앉힌다"(『프락티코스』 26장).

93 이 장은 혀의 절제에 관한 장으로 험담을 금지하고 있다. 공동생활에서 흔히 있을 수 있는 다른 형제자매들에 대한 험담으로 우리는 결국 그리스도께 거부당한다는 경고다.

94 참조: 17장; 53장; 『그노스티코스』 7장. 이 장도 애덕과 자선에 관한 것으로 자비가 동정녀의 등불을 밝히는 기름으로 비유되고 있다.

45. 온유한 신부가 화를 잘 내고 뻔뻔한 동정녀보다 낫다.[96]

46. 사람의 말을 웃음으로 낚아채는 자는 자기 목에 밧줄을 감는 자와 비슷하다.[97]

47. 황금 인장 속에 박혀 있는 진주처럼 동정녀는 수줍음으로 가려져 있다.[98]

48. 악령들의 노래와 피리는 영혼을 이완시켜 영혼의 아름다운 긴장을 풀어 버린다(코헬 7,7ㄴ 참조). 영혼이 치욕스럽게 되지 않도록 항상 영혼을 보호하라.[99] ▶

---

95 정결을 이야기하는 이 장에서 남자는 돌로, 동정녀는 유리로 비유되고 있는 점이 흥미롭다. 에바그리우스는 유리가 깨지는 것을 정결을 잃는 것으로 비유하고 있다.

96 19장과 20장에 이어 다시 한 번 온유가 강조되고 있다. 에바그리우스는 여기서 온유한 기혼 여성이 성깔 있고 파렴치한 수녀보다 낫다고 함으로써 온유의 중요성을 강조한다. 실제로, 결혼한 여인이 가정생활을 통해 모난 부분이 깎여 둥글어지는 경우가 많다. 반면, 수도생활을 하는 사람이 시간이 갈수록 옹색해지고 이기적으로 변할 수 있다.

97 이 장도 혀의 절제에 대해서 이야기하는데, 다른 사람의 말을 진지하게 듣지 않고 웃음으로 비아냥거리며 무시하는 경우를 말하는 듯하다.

98 수줍음의 반대말은 숫기 혹은 뻔뻔함이다. 에바그리우스는 수줍음을 통해 동정녀의 정결과 정숙을 강조하고 있는 듯하다.

49. 실없는 동정녀들에게 기쁨을 느끼지 말고 숙덕거리는 동정녀들과 함께 즐거워하지도 말라. 주님이 그들을 저버리셨기 때문이다.[100]

50. 식사하는 자매를 경멸하지 말고 자신의 극기에 자만하지도 말라. 사실 그대는 주님이 무엇을 원하시는지 또 누가 그분 앞에 설지도 모른다.[101]

51. 자신의 창백해진 눈과 소진된 육체를 애처로워하는 자는 영혼의 아파테이아에 기뻐하지 않을 것이다.[102]

52. 금욕은 버겁고 정결은 달성하기 어렵지만, 천상

◀99 영혼의 경계를 권고하는 장으로 늘 깨어(nepsis) 자기 자신에게 주의(prosoche)하라는 사막 교부들의 전형적 가르침이다.

100 혀의 절제에 관한 마지막 권고로, 여기서는 공허한 농담이나 수다를 금지하고 있다. 이것을 즐기는 자는 주님께 버림받게 되기에 그런 사람과 가까이하지 말라고 권고한다.

101 엄격한 고행이나 극기를 실천하는 사람은 상대적으로 약한 사람을 이해하거나 인내하지 못할 수 있다. 에바그리우스는 금욕 수행에서 특히 겸손을 강조한다. 아무리 훌륭한 금욕가라도 교만의 덫에 걸린다면 절대 하느님 앞에 서지 못할 것이다.

102 금욕 수행으로 인한 육체의 쇠약을 슬퍼하여 수행을 포기할 수 있다. 이런 소심한 자에게는 영혼의 아파테이아도 별 위로가 되지 않는다. 에바그리우스는 이 권고로 소심하고 약한 사람들에게 용기를 주고 있다.

신랑보다 감미로운 것은 아무것도 없다.[103]

53. 동정녀들의 영혼은 조명될 것이지만, 불결한 자들의 영혼은 어둠을 보리라(마태 25,1-13 참조).[104]

54. 나는 사람들이 그릇된 교리로 동정녀를 타락시켜 그의 동정성을 헛되게 하는 것을 보았다. 그대, 딸이여, 주님 교회의 가르침을 경청하고 어떤 이방인에게도 절대 설득당하지 말라.[105] 하느님은 하늘과 땅을 지으셨고 만물을 다스리시며, 그것들에 대해 기뻐하신다(잠언 8,31ㄴ 참조). 천사도 악을 행할 수 있고, 악령도 본성상 악하

---

103 이 장에서 에바그리우스는 천상 신랑이신 그리스도께 대한 감미로운 사랑으로 금욕과 정결의 고됨을 극복하도록 권고하고 있다.

104 여기서 '불결한 자'를 정결하지 못한 자로 볼 수도 있고, 애덕과 자선을 베풀지 않는 자(참조: 17장; 43장; 『그노스티코스』 7장)로 볼 수도 있다.

105 이 장의 결론이라 할 수 있는 마지막 문장, "실제로 의인들은 빛을 상속받을 것이고, 악인들은 어둠 속에 살게 될 것이다"를 제외하고 이어지는 구절들은 그레스만Gressmann이 출판한 책의 그리스어 본문에는 나타나지 않고 라틴어 판본과 시리아어 판본에만 나온다. 그러나 이 장의 본문에 들어와 창조와 섭리, 악의 기원, 그리스도론, 종말론과 관련된 "주님 교회의 가르침"을 짧게 요약하고 있다. 여기서 에바그리우스는 그리스도 가현설, 영지주의, 아리우스파의 가르침들을 비판하면서 어떤 이단이나 이설에도 속지 말고 항상 정통 교리에 머물 것을 강조하고 있다.

지 않다. 사실 하느님은 선과 악을 모두 선택할 수 있게 하셨다. 인간이 타락할 수 있는 육체와 이성적 영혼으로 이루어져 있듯이 우리 주님 역시 죄 없이 잉태되어 나셨다(히브 4,15 참조). 그분은 음식을 드셨고 십자가에 못 박히셨으며 사람들에게 허깨비로 나타나지 않으셨다. 죽은 이들은 부활할 것이고, 이 세상은 지나갈 것이며, 우리는 영적인 몸을 입을 것이다(1코린 15,44 참조). 실제로 의인들은 빛을 상속받을 것이고, 악인들은 어둠 속에 살게 될 것이다.

55. 동정녀의 눈은 주님을 뵈올 것이고, 그녀의 귀는 그분 말씀을 들을 것이다. 동정녀의 입은 자기 신랑에게 입맞춤할 것이며(아가 8,1ㄴ 참조), 그녀의 후각은 그분 향유 내음에로 달려갈 것이다(아가 1,3-4 참조). 동정녀의 손은 주님을 애무할 것이며, 정결한 몸은 기꺼이 받아들여질 것이다. 동정녀의 영혼은 월계관을 받을 것이고 자기 신랑과 함께 영원히 살 것이다. 그녀에게 영적 의복이 주어질 것이며, 그녀는 하늘의 천사들과 함께 축제를 열 것이다. 그녀는 꺼지지 않는 등불을 켤 것이고 등잔에 기름이 마르지 않을 것이다(마태 25,1-13 참조). 그녀는 영원한

부富를 얻고 하느님 나라를 상속받을 것이다.[106]

56. 딸아, 그대를 위해 이 권고를 한 것이니, 마음으로 내 권고를 지켜라. 그대를 보호하시는 그리스도를 기억하고 흠숭하올 삼위일체를 잊지 말라.[107]

---

[106] 에바그리우스는 아가의 시들을 반향하면서 이 모든 권고를 충실히 실천한 동정녀가 받게 될 천상 상급을 이야기하고 있다.

[107] 이 작품의 맺음말로서, 앞 장에서 언급한 상급을 얻기 위해 지금까지 말한 권고들을 지키라고 당부하며 작품을 마무리하고 있다.

용어사전

에바그리우스는 영적 진보의 단계들을 묘사하기 위해 정확하고 일관된 전문용어들을 사용했다. 그의 핵심 개념들을 아래와 같이 정리할 수 있다.[108]

그노스티케 *gnōstikē*

영적(신비적) 인식 혹은 관상. 에바그리우스는 이 용어를 수도승생활의 더 높은 단계, 즉 신비적 인식의 삶(관상 생활, 영지적인 삶)을 언급하는 데 사용한다. 그는 때때로 이 용어를 앞선 금욕 수행의 단계 프락티케*praktikē*와 대조시

---

108 이 부분은 William Harmiless, 같은 책 368-369를 참조했다.

킨다. 에바그리우스에게 그노스티코스*gnōstikos*는 성숙한 수도승, 자기 제자들에게 자신의 통찰력을 주의 깊게 건네주는 압바다.

누스*nous*

정신, 지성. 인간 인격의 가장 높은 부분으로 우리 안에 있는 하느님의 형상이다. 우리의 관상적 부분이며, 기도하는 것이 그 본성인 부분이다. 에바그리우스에 따르면, 가시적 우주 창조 이전 첫 창조 때 하느님은 순수 정신들을 창조하셨다.

로기스모이*logismoi*

생각들. 전체 사막 전통과 마찬가지로 에바그리우스에게도 이 용어는 일반적으로 '나쁜 생각들'이라는 부정적 함의를 지니고 있다. 에바그리우스의 체계에서 여덟 가지 악한 생각들이 제시되는데, 곧 탐식, 음욕, 탐욕, 슬픔, 분노, 아케디아, 헛된 영광, 교만이다. 각 생각에는 그에 부합하는 악령이 있다.

로기스티콘 logistikon

영혼의 이성부理性部. 영혼의 세 부분 중 가장 높은 부분이다. 에바그리우스는 때때로 이성부를 영혼의 욕정부, 즉 욕망부(epithymia) 및 정념부(thymos)와 대조시킨다. 이성부의 덕은 현명, 이해, 지혜다.

로기카 logika

'이성적 존재들'을 뜻한다. 에바그리우스에 따르면, 하느님이 최초 이성적 존재들을 창조하셨는데, 이 존재들은 순수 정신들(nous)이었다. 원原타락과 더불어 이 정신들은 영혼들이 되었다. 두 번째 창조 때, 하느님은 이 타락한 영혼들을 육체에 가두었고, 타락의 정도에 따라 천사나 인간 혹은 악령이 되었다.

아케디아 akēdia

흔히 '나태'로 번역되지만 정확한 번역은 아니다. 오히려 '무기력' 혹은 '낙담'이 더 정확한 번역이다. 여덟 가지 악한 생각 중 하나다.

아파테이아 apatheia

말 그대로는 '욕정의 부재不在'를 뜻한다. 이것은 모든 욕정에서 해방된 '내적 평정 상태' 혹은 '평정심'을 말한다. 더 이상 욕정들의 공격을 받지 않는다는 의미에서가 아니라 욕정들의 공격에 더 이상 동요되지 않는 마음의 깊은 고요 상태다. 이 상태에 도달함은 수행생활(praktikē)에서 관상생활(gnōstikē)로 건너감을 나타낸다.

에피튀미아 epithymia 혹은 에피튀메티콘 epithymētikon

영혼의 욕망부慾望部. 육체의 욕망들(탐식, 음욕, 탐욕)의 근원이다. 영혼의 정념부情念部(thymos)와 함께 영혼의 욕정부欲情部를 이루고 있다. 욕망부의 덕은 극기, 정결, 절제다.

케네시스 kenēsis

문자 그대로는 '움직임'을 뜻한다. 순수 정신들(nous)의 우주 생성 전의 타락을 나타내는 에바그리우스의 용어이다.

케팔라이아 *kephalaia*

'장章들'을 뜻한다. 에바그리우스의 작품 대부분은 번호가 붙은 장들로 되어 있다. 실제로 한 문장에서 네 문장으로 된 단장短章들이다. 이 장들 100개가 한 세기로 불린다.

테오리아 *theōria*

관상. 에바그리우스에게 관상은 정신의 본성적 활동이다. 그는 관상의 두 가지 형태를 구분하는데, 곧 자연에 대한 관상(자연학)과 하느님에 대한 관상(신학)이다.

테올로기아 *theologia*

신학. 에바그리우스에게 이것은 교의에 대한 학문적 연구를 말하는 것이 아니다. 오히려 삼위일체 하느님에 대한 신비적 인식을 보유하는 것을 의미한다. 이것은 관상생활의 두 번째 단계이자 가장 높은 단계이다.

튀모스 *thymos* 혹은 튀미콘 *thymikon*

영혼의 정념부情念部. 부정적으로는 분노와 두려움처

럼 격렬한 욕정들의 근원이다. 긍정적으로는 영혼의 에너지다. 욕망부와 함께 영혼의 욕정부를 이루고 있다. 정념부의 덕은 용기와 인내다.

퓌시케 physikē

말 그대로는 '자연학'을 뜻한다. 에바그리우스에게 이 용어는 자연에 대한 학문적 연구라기보다 자연에 대한 신비적 관상을 말한다. 즉, 피조물 안에서 하느님 현존을 보는 은사다. 이것은 관상(인식)의 두 단계 중 첫 단계다.

프락티케 praktikē

수행 혹은 금욕 수행의 삶(수행생활, 금욕생활, 수덕생활). 에바그리우스는 이 용어를 수도승생활의 초기 단계를 언급하는 데 사용한다. 이것은 덕의 획득을 수반하며, 또한 정화와 악한 생각과의 싸움법을 배우는 것도 포함된다. 그 목표는 욕정에서의 자유, 곧 아파테이아다.

헤나드 henad

'일치'를 뜻하는 '헤나드'는 관상적 인식으로 하느님과

일치된 순수 정신들의 원시 일치를 나타내는 에바그리우스의 용어다. 에바그리우스에 따르면, 이 원시 일치는 그가 '여덟 번째 날'이라 부르는 마지막에 회복될 것이다.

참고문헌

「수도승을 위한 권고」

Hugo Gressman, *Nonnenspiegel und Mönchspiegel des Euagrios Pontikos*. TU 39 (Leipzig: J.C. Hinrichs 1913) 152-165.

Jeremy Driscoll, *The 'Ad Monachos' of Evagrius Ponticus,* Studia Anselmiana 104 (Rome: Pontificio Ateneo S. Anselmo 1991) 45-70.

Evagrius Ponticus, *The Mind's Long Journey to the Holy Trinity: The Ad Monachos of Evagrius Ponticus*, trans. Jeremy Driscoll (Collegeville, MN: Liturgical Press 1994).

―, "Sententiae" in Patrologia Latina, vol. 20, ed. J. Migne (Paris: Migne 1844-64), col. 1181-1186.

―, *Per conoscere lui*, Int.,trad.,not., Paolo Bettiolo (Bose: Edizioni Qiqajon 1996) 147-160.

―, "Ad Monachos", Trans., Luke Dysinger in http://www.ldysinger.com/Evagrius/06_Sents/00a_start.htm.

「동정녀를 위한 권고」

Hugo Gressman, *Nonnenspiegel und Mönchspiegel des Euagrios Pontikos*. TU 39 (Leipzig: J.C. Hinrichs 1913) 143-151.

Evagrius Ponticus, "Ad Virgines" in Patrologia Latina, vol. 20, ed. J. Migne (Paris: Migne 1844-64), col. 1185-1888.

―, "Sententiae ad virgines" in Patrologia Graeca, vol. 40, ed. J. Migne (Paris: Migne 1844-64) col. 1283-1286.

―, *Per conoscere lui*, Int.,trad.,not., Paolo Bettiolo (Bose: Edizioni Qiqajon 1996) 132-143.

―, "Ad Virgines", Trans., Luke Dysinger in http://www.ldysinger.com/Evagrius/06_Sents/00a_start.htm.

Gerhard Schmitz, 'Aachen 816. Zu überlieferung und Edition der Kanonikergesetzgebung Ludwigs des Frommen', in: Deutsches Archiv für Erforschung des Mittelalters 63 (2007) 497-544.

Antoine Guillaumont (Ed.), *Les six centuries des "Kephalaia Gnostika" d'Evagre le Pontique*, Patrologia Orientalis, vol. 28 (Paris: Firmin 1958).

William Harmiless, *Desert Christians: An Introduction to the Literature of Early Monasticism* (Oxford: Oxford University Press 2004) 311-371.

에바그리우스 폰티쿠스 『프락티코스』 허성석 역주 · 해제, 분도출판사 2011.

―, 『그노스티코스』 허성석 역주 · 해제, 분도출판사 2016.

에바그리우스 폰티쿠스, 요한 카시아누스 『스승님, 기도란 무엇입니까?』 허성준 역주, 생활성서사 2007.

허성석 엮음 『수도 영성의 기원』 분도출판사 2015.